全国普法学习读本

保护森林法律法规学习读本

森林保护法律法规

加大全民普法力度，建设社会主义法治文化，树立宪法法律至上、法律面前人人平等的法治理念。
——中国共产党第十九次全国代表大会《决胜全面建成小康社会 夺取新时代中国特色社会主义伟大胜利》

王金锋　主编

汕头大学出版社

图书在版编目（CIP）数据

森林保护法律法规 / 王金锋主编. -- 汕头：汕头大学出版社，2023.4（重印）

（保护森林法律法规学习读本）

ISBN 978-7-5658-3515-5

Ⅰ.①森… Ⅱ.①王… Ⅲ.①森林法-中国-学习参考资料 Ⅳ.①D922.634

中国版本图书馆 CIP 数据核字（2018）第 035156 号

森林保护法律法规　　SENLIN BAOHU FALÜ FAGUI

主　　编：	王金锋
责任编辑：	邹　峰
责任技编：	黄东生
封面设计：	大华文苑
出版发行：	汕头大学出版社
	广东省汕头市大学路 243 号汕头大学校园内　邮政编码：515063
电　　话：	0754-82904613
印　　刷：	三河市元兴印务有限公司
开　　本：	690mm×960mm 1/16
印　　张：	18
字　　数：	226 千字
版　　次：	2018 年 5 月第 1 版
印　　次：	2023 年 4 月第 2 次印刷
定　　价：	59.60 元（全 2 册）

ISBN 978-7-5658-3515-5

版权所有，翻版必究

如发现印装质量问题，请与承印厂联系退换

前 言

习近平总书记指出:"推进全民守法,必须着力增强全民法治观念。要坚持把全民普法和守法作为依法治国的长期基础性工作,采取有力措施加强法制宣传教育。要坚持法治教育从娃娃抓起,把法治教育纳入国民教育体系和精神文明创建内容,由易到难、循序渐进不断增强青少年的规则意识。要健全公民和组织守法信用记录,完善守法诚信褒奖机制和违法失信行为惩戒机制,形成守法光荣、违法可耻的社会氛围,使遵法守法成为全体人民共同追求和自觉行动。"

中共中央、国务院曾经转发了中央宣传部、司法部关于在公民中开展法治宣传教育的规划,并发出通知,要求各地区各部门结合实际认真贯彻执行。通知指出,全民普法和守法是依法治国的长期基础性工作。深入开展法治宣传教育,是全面建成小康社会和新农村的重要保障。

普法规划指出:各地区各部门要根据实际需要,从不同群体的特点出发,因地制宜开展有特色的法治宣传教育坚持集中法治宣传教育与经常性法治宣传教育相结合,深化法律进机关、进乡村、进社区、进学校、进企业、进单位的"法律六进"主题活动,完善工作标准,建立长效机制。

特别是农业、农村和农民问题,始终是关系党和人民事业发展的全局性和根本性问题。党中央、国务院发布的《关于推进社会主义新农村建设的若干意见》中明确提出要"加强农村法制建设,深入开展农村普法教育,增强农民的法制观念,提高农民依法行使权利和履行义务的自觉性。"多年普法实践证明,普及法律知识,提高法制观念,增强全社会依法办事意识具有重要作用。特别是在广大农村进行普法教育,是提高全民法律素质的需要。

多年来,我国在农村实行的改革开放取得了极大成功,农村发生了翻天覆地的变化,广大农民生活水平大大得到了提高。但是,由于历史和社会等原因,现阶段我国一些地区农民文化素质还不高,不学法、不懂法、不守法现象虽然较原来有所改变,但仍有相当一部分群众的法制观念仍很淡化,不懂、不愿借助法律来保护自身权益,这就极易受到不法的侵害,或极易进行违法犯罪活动,严重阻碍了全面建成小康社会和新农村步伐。

为此,根据党和政府的指示精神以及普法规划,特别是根据广大农村农民的现状,在有关部门和专家的指导下,特别编辑了这套《全国普法学习读本》。主要包括了广大人民群众应知应懂、实际实用的法律法规。为了辅导学习,附录还收入了相应法律法规的条例准则、实施细则、解读解答、案例分析等;同时为了突出法律法规的实际实用特点,兼顾地方性和特殊性,附录还收入了部分某些地方性法律法规以及非法律法规的政策文件、管理制度、应用表格等内容,拓展了本书的知识范围,使法律法规更"接地气",便于读者学习掌握和实际应用。

在众多法律法规中,我们通过甄别,淘汰了废止的,精选了最新的、权威的和全面的。但有部分法律法规有些条款不适应当下情况了,却没有颁布新的,我们又不能擅自改动,只得保留原有条款,但附录却有相应的补充修改意见或通知等。众多法律法规根据不同内容和受众特点,经过归类组合,优化配套。整套普法读本非常全面系统,具有很强的学习性、实用性和指导性,非常适合用于广大农村和城乡普法学习教育与实践指导。总之,是全国全民普法的良好读本。

目　　录

森林防火条例

第一章　总　则 ………………………………………（1）
第二章　森林火灾的预防 ……………………………（3）
第三章　森林火灾的扑救 ……………………………（7）
第四章　灾后处置 ……………………………………（10）
第五章　法律责任 ……………………………………（12）
第六章　附　则 ………………………………………（14）
附　录
　安徽省森林防火办法 ………………………………（15）
　江西省森林防火条例 ………………………………（26）
　广东省森林防火工作责任制实施办法 ……………（41）

森林病虫害防治条例

第一章　总　则 ………………………………………（54）
第二章　森林病虫害的预防 …………………………（55）
第三章　森林病虫害的除治 …………………………（57）
第四章　奖励和惩罚 …………………………………（58）
第五章　附　则 ………………………………………（60）

退耕还林条例

第一章　总　则 ………………………………………（61）

第二章　规划和计划 …………………………………………（63）

第三章　造林、管护与检查验收 ……………………………（66）

第四章　资金和粮食补助 ……………………………………（68）

第五章　其他保障措施 ………………………………………（70）

第六章　法律责任 ……………………………………………（72）

第七章　附　则 ………………………………………………（74）

森林采伐更新管理办法

第一章　总　则 ………………………………………………（75）

第二章　森林采伐 ……………………………………………（76）

第三章　森林更新 ……………………………………………（79）

第四章　罚　则 ………………………………………………（80）

第五章　附　则 ………………………………………………（81）

附　录

　最高人民法院关于审理破坏森林资源刑事案件具体应用法律

　　若干问题的解释 …………………………………………（82）

　最高人民法院关于审理破坏林地资源刑事案件具体应用法律

　　若干问题的解释 …………………………………………（87）

　商品林采伐限额结转管理办法 ……………………………（90）

森林抚育补贴试点检查验收管理办法（试行）

第一章　总　则 ………………………………………………（94）

第二章　技术标准 ……………………………………………（97）

第三章　检查验收方法 ………………………………………（99）

第四章　检查验收成果 ………………………………………（105）

目 录

第五章 附 则 …………………………………………（105）

附 录

 国家林业局关于印发《森林抚育作业设计规定》和

  《森林抚育检查验收办法》的通知 ………………（107）

 国家林业局关于切实加强天保工程区森林抚育工作的

  指导意见 ……………………………………………（131）

森林防火条例

中华人民共和国国务院令

第 541 号

《森林防火条例》已经 2008 年 11 月 19 日国务院第 36 次常务会议修订通过，现将修订后的《森林防火条例》公布，自 2009 年 1 月 1 日起施行。

总理　温家宝

二〇〇八年十二月一日

（1988 年 1 月 16 日国务院发布；根据 2008 年 11 月 19 日国务院第 36 次常务会议修订）

第一章　总　则

第一条　为了有效预防和扑救森林火灾，保障人民生命财产安全，保护森林资源，维护生态安全，根据《中华人民共和国森林法》，制定本条例。

第二条 本条例适用于中华人民共和国境内森林火灾的预防和扑救。但是，城市市区的除外。

第三条 森林防火工作实行预防为主、积极消灭的方针。

第四条 国家森林防火指挥机构负责组织、协调和指导全国的森林防火工作。

国务院林业主管部门负责全国森林防火的监督和管理工作，承担国家森林防火指挥机构的日常工作。

国务院其他有关部门按照职责分工，负责有关的森林防火工作。

第五条 森林防火工作实行地方各级人民政府行政首长负责制。

县级以上地方人民政府根据实际需要设立的森林防火指挥机构，负责组织、协调和指导本行政区域的森林防火工作。

县级以上地方人民政府林业主管部门负责本行政区域森林防火的监督和管理工作，承担本级人民政府森林防火指挥机构的日常工作。

县级以上地方人民政府其他有关部门按照职责分工，负责有关的森林防火工作。

第六条 森林、林木、林地的经营单位和个人，在其经营范围内承担森林防火责任。

第七条 森林防火工作涉及两个以上行政区域的，有关地方人民政府应当建立森林防火联防机制，确定联防区域，建立联防制度，实行信息共享，并加强监督检查。

第八条 县级以上人民政府应当将森林防火基础设施建设纳入国民经济和社会发展规划，将森林防火经费纳入本级财政预算。

第九条 国家支持森林防火科学研究，推广和应用先进的科学技术，提高森林防火科技水平。

第十条 各级人民政府、有关部门应当组织经常性的森林防火宣传活动，普及森林防火知识，做好森林火灾预防工作。

第十一条 国家鼓励通过保险形式转移森林火灾风险，提高林业防灾减灾能力和灾后自我救助能力。

第十二条 对在森林防火工作中作出突出成绩的单位和个人，按照国家有关规定，给予表彰和奖励。

对在扑救重大、特别重大森林火灾中表现突出的单位和个人，可以由森林防火指挥机构当场给予表彰和奖励。

第二章　森林火灾的预防

第十三条 省、自治区、直辖市人民政府林业主管部门应当按照国务院林业主管部门制定的森林火险区划等级标准，以县为单位确定本行政区域的森林火险区划等级，向社会公布，并报国务院林业主管部门备案。

第十四条 国务院林业主管部门应当根据全国森林火险区划等级和实际工作需要，编制全国森林防火规划，报国务院或者国务院授权的部门批准后组织实施。

县级以上地方人民政府林业主管部门根据全国森林防火规划，结合本地实际，编制本行政区域的森林防火规划，报本级人民政府批准后组织实施。

第十五条 国务院有关部门和县级以上地方人民政府应当按照森林防火规划，加强森林防火基础设施建设，储备必要的森林防火物资，根据实际需要整合、完善森林防火指挥信息系统。

国务院和省、自治区、直辖市人民政府根据森林防火实际需要，充分利用卫星遥感技术和现有军用、民用航空基础设施，建立相关单位参与的航空护林协作机制，完善航空护林基础设施，并保障航空护林所需经费。

第十六条 国务院林业主管部门应当按照有关规定编制国家重大、特别重大森林火灾应急预案，报国务院批准。

县级以上地方人民政府林业主管部门应当按照有关规定编制森林火灾应急预案，报本级人民政府批准，并报上一级人民政府林业主管部门备案。

县级人民政府应当组织乡（镇）人民政府根据森林火灾应急预案制定森林火灾应急处置办法；村民委员会应当按照森林火灾应急预案和森林火灾应急处置办法的规定，协助做好森林火灾应急处置工作。

县级以上人民政府及其有关部门应当组织开展必要的森林火灾应急预案的演练。

第十七条 森林火灾应急预案应当包括下列内容：

（一）森林火灾应急组织指挥机构及其职责；

（二）森林火灾的预警、监测、信息报告和处理；

（三）森林火灾的应急响应机制和措施；

（四）资金、物资和技术等保障措施；

（五）灾后处置。

第十八条 在林区依法开办工矿企业、设立旅游区或者新建开发区的，其森林防火设施应当与该建设项目同步规划、同步设计、同步施工、同步验收；在林区成片造林的，应当同时配套建设森林防火设施。

第十九条 铁路的经营单位应当负责本单位所属林地的防火工作，并配合县级以上地方人民政府做好铁路沿线森林火灾危险地段的防火工作。

电力、电信线路和石油天然气管道的森林防火责任单位，应当在森林火灾危险地段开设防火隔离带，并组织人员进行巡护。

第二十条 森林、林木、林地的经营单位和个人应当按照林业主管部门的规定，建立森林防火责任制，划定森林防火责任区，确定森林防火责任人，并配备森林防火设施和设备。

第二十一条 地方各级人民政府和国有林业企业、事业单位应当根据实际需要，成立森林火灾专业扑救队伍；县级以上地方人民政府应当指导森林经营单位和林区的居民委员会、村民委员会、企业、事业单位建立森林火灾群众扑救队伍。专业的和群众的火灾扑救队伍应当定期进行培训和演练。

第二十二条 森林、林木、林地的经营单位配备的兼职或者专职护林员负责巡护森林，管理野外用火，及时报告火情，协助有关机关调查森林火灾案件。

第二十三条 县级以上地方人民政府应当根据本行政区域内森林资源分布状况和森林火灾发生规律，划定森林防火区，规定森林防火期，并向社会公布。

森林防火期内，各级人民政府森林防火指挥机构和森林、林木、林地的经营单位和个人，应当根据森林火险预报，采取相应的预防和应急准备措施。

第二十四条　县级以上人民政府森林防火指挥机构，应当组织有关部门对森林防火区内有关单位的森林防火组织建设、森林防火责任制落实、森林防火设施建设等情况进行检查；对检查中发现的森林火灾隐患，县级以上地方人民政府林业主管部门应当及时向有关单位下达森林火灾隐患整改通知书，责令限期整改，消除隐患。

被检查单位应当积极配合，不得阻挠、妨碍检查活动。

第二十五条　森林防火期内，禁止在森林防火区野外用火。因防治病虫鼠害、冻害等特殊情况确需野外用火的，应当经县级人民政府批准，并按照要求采取防火措施，严防失火；需要进入森林防火区进行实弹演习、爆破等活动的，应当经省、自治区、直辖市人民政府林业主管部门批准，并采取必要的防火措施；中国人民解放军和中国人民武装警察部队因处置突发事件和执行其他紧急任务需要进入森林防火区的，应当经其上级主管部门批准，并采取必要的防火措施。

第二十六条　森林防火期内，森林、林木、林地的经营单位应当设置森林防火警示宣传标志，并对进入其经营范围的人员进行森林防火安全宣传。

森林防火期内，进入森林防火区的各种机动车辆应当按照规定安装防火装置，配备灭火器材。

第二十七条　森林防火期内，经省、自治区、直辖市人民政府批准，林业主管部门、国务院确定的重点国有林区的管理机构可以设立临时性的森林防火检查站，对进入森林防火区的车辆和人员进行森林防火检查。

第二十八条　森林防火期内，预报有高温、干旱、大风等高火险天气的，县级以上地方人民政府应当划定森林高火险区，规定森林高火险期。必要时，县级以上地方人民政府可以根据需要发布命令，严禁一切野外用火；对可能引起森林火灾的居民生活用火应当严格管理。

第二十九条　森林高火险期内，进入森林高火险区的，应当经县级以上地方人民政府批准，严格按照批准的时间、地点、范围活动，并接受县级以上地方人民政府林业主管部门的监督管理。

第三十条　县级以上人民政府林业主管部门和气象主管机构应当根据森林防火需要，建设森林火险监测和预报台站，建立联合会商机制，及时制作发布森林火险预警预报信息。

气象主管机构应当无偿提供森林火险天气预报服务。广播、电视、报纸、互联网等媒体应当及时播发或者刊登森林火险天气预报。

第三章　森林火灾的扑救

第三十一条　县级以上地方人民政府应当公布森林火警电话，建立森林防火值班制度。

任何单位和个人发现森林火灾，应当立即报告。接到报告的当地人民政府或者森林防火指挥机构应当立即派人赶赴现场，调查核实，采取相应的扑救措施，并按照有关规定逐级报上级人民政府和森林防火指挥机构。

第三十二条　发生下列森林火灾，省、自治区、直辖市人民政府森林防火指挥机构应当立即报告国家森林防火指挥机构，由国家森林防火指挥机构按照规定报告国务院，并及时通报国务院有关部门：

（一）国界附近的森林火灾；

（二）重大、特别重大森林火灾；

（三）造成3人以上死亡或者10人以上重伤的森林火灾；

（四）威胁居民区或者重要设施的森林火灾；

（五）24小时尚未扑灭明火的森林火灾；

（六）未开发原始林区的森林火灾；

（七）省、自治区、直辖市交界地区危险性大的森林火灾；

（八）需要国家支援扑救的森林火灾。

本条第一款所称"以上"包括本数。

第三十三条　发生森林火灾，县级以上地方人民政府森林防火指挥机构应当按照规定立即启动森林火灾应急预案；发生重大、特别重大森林火灾，国家森林防火指挥机构应当立即启动重大、特别重大森林火灾应急预案。

森林火灾应急预案启动后，有关森林防火指挥机构应当在核实火灾准确位置、范围以及风力、风向、火势的基础上，根据火灾现场天气、地理条件，合理确定扑救方案，划分扑救地段，确定扑救责任人，并指定负责人及时到达森林火灾现场具体指挥森林火灾的扑救。

第三十四条　森林防火指挥机构应当按照森林火灾应急预案，统一组织和指挥森林火灾的扑救。

扑救森林火灾，应当坚持以人为本、科学扑救，及时疏散、撤离受火灾威胁的群众，并做好火灾扑救人员的安全防护，尽最大可能避免人员伤亡。

第三十五条 扑救森林火灾应当以专业火灾扑救队伍为主要力量；组织群众扑救队伍扑救森林火灾的，不得动员残疾人、孕妇和未成年人以及其他不适宜参加森林火灾扑救的人员参加。

第三十六条 武装警察森林部队负责执行国家赋予的森林防火任务。武装警察森林部队执行森林火灾扑救任务，应当接受火灾发生地县级以上地方人民政府森林防火指挥机构的统一指挥；执行跨省、自治区、直辖市森林火灾扑救任务的，应当接受国家森林防火指挥机构的统一指挥。

中国人民解放军执行森林火灾扑救任务的，依照《军队参加抢险救灾条例》的有关规定执行。

第三十七条 发生森林火灾，有关部门应当按照森林火灾应急预案和森林防火指挥机构的统一指挥，做好扑救森林火灾的有关工作。

气象主管机构应当及时提供火灾地区天气预报和相关信息，并根据天气条件适时开展人工增雨作业。

交通运输主管部门应当优先组织运送森林火灾扑救人员和扑救物资。

通信主管部门应当组织提供应急通信保障。

民政部门应当及时设置避难场所和救灾物资供应点，紧急转移并妥善安置灾民，开展受灾群众救助工作。

公安机关应当维护治安秩序，加强治安管理。

商务、卫生等主管部门应当做好物资供应、医疗救护和卫生防疫等工作。

第三十八条　因扑救森林火灾的需要，县级以上人民政府森林防火指挥机构可以决定采取开设防火隔离带、清除障碍物、应急取水、局部交通管制等应急措施。

因扑救森林火灾需要征用物资、设备、交通运输工具的，由县级以上人民政府决定。扑火工作结束后，应当及时返还被征用的物资、设备和交通工具，并依照有关法律规定给予补偿。

第三十九条　森林火灾扑灭后，火灾扑救队伍应当对火灾现场进行全面检查，清理余火，并留有足够人员看守火场，经当地人民政府森林防火指挥机构检查验收合格，方可撤出看守人员。

第四章　灾后处置

第四十条　按照受害森林面积和伤亡人数，森林火灾分为一般森林火灾、较大森林火灾、重大森林火灾和特别重大森林火灾：

（一）一般森林火灾：受害森林面积在1公顷以下或者其他林地起火的，或者死亡1人以上3人以下的，或者重伤1人以上10人以下的；

（二）较大森林火灾：受害森林面积在1公顷以上100公顷以下的，或者死亡3人以上10人以下的，或者重伤10人以上50人以下的；

（三）重大森林火灾：受害森林面积在100公顷以上1000公

顷以下的，或者死亡10人以上30人以下的，或者重伤50人以上100人以下的；

（四）特别重大森林火灾：受害森林面积在1000公顷以上的，或者死亡30人以上的，或者重伤100人以上的。

本条第一款所称"以上"包括本数，"以下"不包括本数。

第四十一条 县级以上人民政府林业主管部门应当会同有关部门及时对森林火灾发生原因、肇事者、受害森林面积和蓄积、人员伤亡、其他经济损失等情况进行调查和评估，向当地人民政府提出调查报告；当地人民政府应当根据调查报告，确定森林火灾责任单位和责任人，并依法处理。

森林火灾损失评估标准，由国务院林业主管部门会同有关部门制定。

第四十二条 县级以上地方人民政府林业主管部门应当按照有关要求对森林火灾情况进行统计，报上级人民政府林业主管部门和本级人民政府统计机构，并及时通报本级人民政府有关部门。

森林火灾统计报告表由国务院林业主管部门制定，报国家统计局备案。

第四十三条 森林火灾信息由县级以上人民政府森林防火指挥机构或者林业主管部门向社会发布。重大、特别重大森林火灾信息由国务院林业主管部门发布。

第四十四条 对因扑救森林火灾负伤、致残或者死亡的人员，按照国家有关规定给予医疗、抚恤。

第四十五条 参加森林火灾扑救的人员的误工补贴和生活补助以及扑救森林火灾所发生的其他费用，按照省、自治区、直辖市人民政府规定的标准，由火灾肇事单位或者个人支付；起火原因不清的，由起火单位支付；火灾肇事单位、个人或者起火单位确实无力支付的部分，由当地人民政府支付。误工补贴和生活补助以及扑救森林火灾所发生的其他费用，可以由当地人民政府先行支付。

第四十六条　森林火灾发生后，森林、林木、林地的经营单位和个人应当及时采取更新造林措施，恢复火烧迹地森林植被。

第五章　法律责任

第四十七条　违反本条例规定，县级以上地方人民政府及其森林防火指挥机构、县级以上人民政府林业主管部门或者其他有关部门及其工作人员，有下列行为之一的，由其上级行政机关或者监察机关责令改正；情节严重的，对直接负责的主管人员和其他直接责任人员依法给予处分；构成犯罪的，依法追究刑事责任：

（一）未按照有关规定编制森林火灾应急预案的；

（二）发现森林火灾隐患未及时下达森林火灾隐患整改通知书的；

（三）对不符合森林防火要求的野外用火或者实弹演习、爆破等活动予以批准的；

（四）瞒报、谎报或者故意拖延报告森林火灾的；

（五）未及时采取森林火灾扑救措施的；

（六）不依法履行职责的其他行为。

第四十八条　违反本条例规定，森林、林木、林地的经营单位或者个人未履行森林防火责任的，由县级以上地方人民政府林业主管部门责令改正，对个人处500元以上5000元以下罚款，对单位处1万元以上5万元以下罚款。

第四十九条　违反本条例规定，森林防火区内的有关单位或者个人拒绝接受森林防火检查或者接到森林火灾隐患整改通知书逾期不消除火灾隐患的，由县级以上地方人民政府林业主管部门责令改正，给予警告，对个人并处200元以上2000元以下罚款，对单位并处5000元以上1万元以下罚款。

第五十条　违反本条例规定，森林防火期内未经批准擅自在森林防火区内野外用火的，由县级以上地方人民政府林业主管部门责令停止违法行为，给予警告，对个人并处200元以上3000元以下罚款，对单位并处1万元以上5万元以下罚款。

第五十一条　违反本条例规定，森林防火期内未经批准在森林防火区内进行实弹演习、爆破等活动的，由县级以上地方人民政府林业主管部门责令停止违法行为，给予警告，并处5万元以上10万元以下罚款。

第五十二条　违反本条例规定，有下列行为之一的，由县级以上地方人民政府林业主管部门责令改正，给予警告，对个人并处200元以上2000元以下罚款，对单位并处2000元以上5000元以下罚款：

（一）森林防火期内，森林、林木、林地的经营单位未设置森林防火警示宣传标志的；

（二）森林防火期内，进入森林防火区的机动车辆未安装森林防火装置的；

（三）森林高火险期内，未经批准擅自进入森林高火险区活动的。

第五十三条　违反本条例规定，造成森林火灾，构成犯罪的，依法追究刑事责任；尚不构成犯罪的，除依照本条例第四十八条、第四十九条、第五十条、第五十一条、第五十二条的规定追究法律责任外，县级以上地方人民政府林业主管部门可以责令责任人补种树木。

第六章　附　则

第五十四条　森林消防专用车辆应当按照规定喷涂标志图案，安装警报器、标志灯具。

第五十五条　在中华人民共和国边境地区发生的森林火灾，按照中华人民共和国政府与有关国家政府签订的有关协定开展扑救工作；没有协定的，由中华人民共和国政府和有关国家政府协商办理。

第五十六条　本条例自2009年1月1日起施行。

附 录

安徽省森林防火办法

安徽省人民政府令

第 246 号

《安徽省森林防火办法》已经 2013 年 6 月 25 日省人民政府第 7 次常务会议通过,现予公布,自 2013 年 9 月 1 日起施行。

2013 年 7 月 11 日

第一章 总 则

第一条 为了有效预防和扑救森林火灾,保障人民生命财产安全,保护森林资源,维护生态安全,根据《中华人民共和国森林法》、《森林防火条例》等有关法律、法规,结合本省实际,制定本办法。

第二条 本办法适用于本省行政区域内森林火灾的预防和扑救。法律、法规另有规定的,从其规定。

第三条 森林防火工作实行预防为主、积极扑救的方针。

第四条　森林防火工作实行各级人民政府行政首长负责制。

县级以上人民政府森林防火指挥机构负责组织、协调和指导本行政区域内的森林防火工作。

县级以上人民政府林业行政主管部门负责本行政区域内森林防火的监督和管理工作，承担本级人民政府森林防火指挥机构的日常工作。

县级以上人民政府其他有关部门按照职责分工，负责有关的森林防火工作。

第五条　森林、林木、林地的经营单位和个人，在其经营范围内承担森林防火责任。

第六条　县级以上人民政府应当将森林防火基础设施建设纳入国民经济与社会发展规划，将森林防火经费纳入本级财政预算。

第七条　鼓励通过保险形式转移森林火灾风险，提高林业防灾减灾能力和灾后自我救助能力。

第八条　鼓励社会组织和个人为森林防火提供捐助和志愿服务。

第九条　对在森林防火工作中做出突出成绩的单位和个人，按照国家有关规定，给予表彰和奖励。

对在扑救重大、特别重大森林火灾中表现突出的单位和个人，可以由森林防火指挥机构当场给予表彰和奖励。

第二章　森林火灾预防

第十条　各级人民政府、森林防火指挥机构以及林业行政主管部门应当组织经常性的森林防火宣传活动，普及森林防火知识，做好森林火灾预防工作。

第十一条　省人民政府林业行政主管部门应当按照国务院林

业行政主管部门制定的森林火险区划等级标准,确定Ⅰ级、Ⅱ级、Ⅲ级森林火险县(市、区),并向社会公布。

第十二条 省人民政府林业行政主管部门应当根据全国森林防火规划和本省实际,编制本省森林防火规划,报省人民政府批准后组织实施。

设区的市、县(市、区)林业行政主管部门应当根据本省森林防火规划,结合本地实际,编制本行政区域的森林防火规划,报本级人民政府批准后组织实施。

第十三条 县级以上人民政府应当根据森林防火规划,组织有关部门和单位在森林防火重点区域设置火情瞭望台、火险监测站、电子监控、防火蓄水池、集中祭祀点等设施;根据所辖区域森林资源分布,合理营造生物防火林带或者开设防火隔离带,建设防火通道;按照国家规范要求建设森林火灾扑救物资储备库,储备森林防火物资和器材。

省人民政府根据森林防火实际需要,利用卫星遥感技术和军用、民用航空基础设施,建立相关单位参与的航空护林协作机制,完善航空护林基础设施,并保障航空护林所需经费。

第十四条 县级以上人民政府林业行政主管部门应当按照有关规定编制森林火灾应急预案,报本级人民政府批准,并报上一级人民政府林业行政主管部门备案。

县级人民政府应当组织乡(镇)人民政府根据森林火灾应急预案制定森林火灾应急处置办法;村(居)民委员会应当按照森林火灾应急预案和森林火灾应急处置办法的规定,协助做好森林火灾应急处置工作。

县级以上人民政府及其有关部门应当组织开展森林火灾应急预案的演练。

第十五条　森林、林木、林地的经营管理单位和个人应当按照林业行政主管部门的规定，建立森林防火责任制，划定森林防火责任区，确定森林防火责任人，并配备森林防火设施和设备。

林区的村（居）民委员会和森林、林木、林地的经营管理单位配备的兼职或者专职护林员，负责巡护森林，管理野外用火，及时报告森林火情，协助有关单位调查森林火灾案件。

第十六条　交通运输经营管理单位应当对在林区从事客、货运输的司乘人员和旅客进行防火安全宣传、教育。

在铁路沿线有引起森林火灾危险的地段，由森林防火责任单位开设防火隔离带，配备巡护人员，做好巡逻和灭火工作。

在林区野外操作机械设备的人员，应当遵守防火安全操作规程，防止发生森林火灾。

第十七条　通过林区的高压电线、电缆、输电、天然气管道等经营管理单位应当采取防火措施，定期进行检查。

第十八条　Ⅰ级、Ⅱ级森林火险县（市、区）应当建立专业森林火灾扑救队伍；Ⅲ级森林火险县（市、区）以及有森林防火任务的乡（镇）、国有林场、自然保护区、风景名胜区、森林公园，应当根据需要建立专业或者兼职森林火灾扑救队伍。专业森林火灾扑救队伍的建立或者撤并，应当报省人民政府森林防火指挥机构备案。

专业、兼职森林火灾扑救队伍的建设标准，由省人民政府林业行政主管部门制定，报省人民政府批准后实施。

第十九条　专业、兼职森林火灾扑救队伍应当配备扑救工具和装备，接受森林防火指挥机构的统一指挥调度。

专业、兼职森林火灾扑救队伍应当定期进行培训和演练。

建立专业、兼职森林火灾扑救队伍的单位应当为其队员办理人身意外伤害保险。

　　第二十条　县级以上人民政府应当根据本行政区域内森林资源分布情况和森林火灾发生规律，划定森林防火区，确定森林防火期，并向社会公布。

　　每年11月1日至次年4月30日为本省森林防火期。县级以上人民政府根据实际情况，可以决定本行政区域提前进入或者推迟结束森林防火期。

　　第二十一条　县级以上人民政府森林防火指挥机构应当组织有关部门对森林防火区内有关单位的森林防火工作进行检查；对检查中发现的森林火灾隐患，县级以上人民政府林业行政主管部门应当及时向有关单位下达森林火灾隐患整改通知书，责令限期整改，消除隐患。

　　春节、清明、冬至等森林火灾易发多发期间，各级森林防火指挥机构应当组织值班巡查，防止森林火灾发生。

　　第二十二条　森林防火期内，禁止在森林防火区野外用火。因防治病虫鼠害、冻害等特殊情况确需野外用火的，应当经县级人民政府批准，并通知有关乡（镇）人民政府。

　　经批准后用火的，用火单位和个人应当确定用火负责人，事先开设防火隔离带，预备应急扑火力量及扑火工具，在批准的时间、地点用火；用火后，安排专人熄灭余火、清理现场、看守用火现场，防止复燃。批准用火单位应当派人现场监督。

　　第二十三条　森林防火期内，森林、林木、林地的经营管理单位应当设置森林防火警示宣传标志，并对进入其经营范围内的人员进行森林防火安全宣传。

　　在林区依托森林资源从事旅游活动的景区、景点经营管理单位，应当按照规定确定森林防火责任人，设置森林防火宣传警示牌，配备必要的扑火器材，及时消除森林火灾隐患，并对游客进行森林防火安全宣传教育。

第二十四条 森林防火期内，经省人民政府批准，林业行政主管部门可以在森林防火重点区域入口处设立临时性森林防火检查站，对进入林区的车辆和人员进行森林防火检查。

第二十五条 森林防火期内，气象部门应当做好森林火险气象等级预报、高森林火险天气警报，并及时发布；报纸、广播、电视等媒体应当及时刊载、播发森林火险气象等级预警预报。

第二十六条 无民事行为能力人和限制民事行为能力人的监护人，应当采取监护措施，防止被监护人进入森林防火区野外用火、玩火。

第三章　森林火灾扑救

第二十七条 县级以上地方人民政府应当公布森林火灾报警电话。森林防火期内，实行森林防火24小时值班制度。

任何单位和个人发现森林火灾，应当立即报告当地人民政府或者森林防火指挥机构。

第二十八条 发生森林火灾时，火灾发生地乡（镇）人民政府应当立即报告县级人民政府森林防火指挥机构。县级人民政府森林防火指挥机构收到信息后，应当立即报告县级人民政府。

森林火灾发生在相邻两个以上行政区域的，发生地人民政府应当立即将火灾信息通报相邻行政区域的人民政府。

第二十九条 发生下列森林火灾时，火灾发生地县级人民政府森林防火指挥机构应当立即报告设区的市人民政府森林防火指挥机构，设区的市人民政府森林防火指挥机构收到信息后，应当立即报告设区的市人民政府：

（一）县级以上行政交界地区发生的森林火灾；

（二）造成人员伤亡的森林火灾；

（三）威胁居民区和重要设施的森林火灾；

（四）发生在风景名胜区、自然保护区、森林公园、旅游景区及其他重点林区危险性大的森林火灾；

（五）需要设区的市人民政府支援扑救的森林火灾。

第三十条 发生下列森林火灾时，设区的市人民政府森林防火指挥机构应当立即报告省人民政府森林防火指挥机构，省人民政府森林防火指挥机构收到信息后，应当立即报告省人民政府：

（一）省或者设区的市交界地区发生的危险性大的森林火灾；

（二）造成1人以上死亡或者3人以上重伤的森林火灾；

（三）威胁居民区和重要设施的森林火灾；

（四）发生在风景名胜区、自然保护区、森林公园、旅游景区及其他重点林区危险性大的森林火灾；

（五）需要省人民政府支援扑救的森林火灾。

第三十一条 发生森林火灾，县级以上人民政府森林防火指挥机构应当按照规定立即启动森林火灾应急预案。

县级以上人民政府森林防火指挥机构应当按照森林火灾应急预案，统一组织和指挥森林火灾的扑救，并指定负责人及时赶赴森林火灾现场具体指挥火灾的处置工作。

第三十二条 扑救森林火灾应当以专业森林火灾扑救队伍为主，兼职森林火灾扑救队伍为辅。扑救森林火灾时应当优先保护人民生命安全，落实扑火人员安全保障措施。

组织群众扑救森林火灾，不得动员残疾人、孕妇和未成年人以及其他不适合参加森林火灾扑救的人员参加。

第三十三条　森林防火专用车辆执行扑救森林火灾任务时，可以使用警报器、标志灯具，在确保安全的前提下，不受行驶速度、路线、方向和指挥信号的限制，其他车辆和行人应当让行。

第三十四条　因扑救森林火灾的需要，县级以上人民政府森林防火指挥机构可以决定采取开设防火隔离带、清除障碍物、应急取水、局部交通管制等应急措施。

因扑救森林火灾需要征用物资、设备、交通运输工具的，由县级以上人民政府决定。扑火工作结束后，应当及时返还被征用的物资、设备和交通工具，并依照有关法律规定给予补偿。

第三十五条　森林火灾扑灭后，火灾扑救队伍应当对火灾现场进行全面检查，清理余火，并留有足够人员看守火场，经当地人民政府森林防火指挥机构检查验收合格，方可撤出看守人员。

第四章　灾后处置

第三十六条　森林火灾扑灭后，县级以上人民政府林业行政主管部门应当及时会同有关部门，对起火的时间、地点、原因、肇事者、受害森林面积和蓄积量、扑救情况、物资消耗、人员伤亡、经济损失等进行调查和评估，形成专题调查报告，报送本级人民政府和上一级林业行政主管部门。

第三十七条　县级以上人民政府林业行政主管部门应当按照国务院林业行政主管部门制定的森林火灾统计报告表的要求，进行森林火灾统计，统计结果报上级人民政府林业行政主管部门和本级人民政府统计主管部门。

第三十八条　县级以上人民政府林业行政主管部门应当建立

森林火灾档案。重大、特大森林火灾和造成人员死亡、重伤事故的森林火灾，应当建立专门档案。

第三十九条　参加森林火灾扑救人员的误工补贴和生活补助以及扑救森林火灾所发生的其他费用，由火灾肇事者支付。起火原因不清的，由起火单位支付；火灾肇事单位、肇事个人或者起火单位确实无力支付的部分，由当地人民政府支付。误工补贴和生活补助以及扑救森林火灾所发生的其他费用，可以由当地人民政府先行支付。

对因参加扑救森林火灾受伤、致残或者死亡的人员，按照国家有关规定落实医疗保障、抚恤政策。符合烈士评定条件的，按照国家有关规定申报烈士称号。

第四十条　森林火灾发生地人民政府应当根据有关规定妥善处理灾民安置和灾后重建工作。

第五章　法律责任

第四十一条　违反本办法规定，县级以上人民政府及其森林防火指挥机构、林业行政主管部门或者其他有关部门及其工作人员，有下列行为之一的，由其上级行政机关或者监察机关责令改正；情节严重的，对直接负责的主管人员和其他直接责任人员依法给予处分；构成犯罪的，依法追究刑事责任：

（一）未按照规定编制森林火灾应急预案的；

（二）发现森林火灾隐患未及时下达森林火灾隐患整改通知书的；

（三）对不符合森林防火要求的野外用火活动予以批准的；

（四）瞒报、谎报或者故意拖延相关森林火灾报告的；

（五）未及时采取森林火灾扑救措施的；

（六）不依法履行职责的其他行为。

第四十二条 由于责任单位预防不力而引起森林火灾，或者发生森林火灾后责任单位扑救不力的，按下列规定追究单位主要负责人的行政责任：

（一）一次火灾受害森林面积 10 公顷以上的，给予有关乡（镇）人民政府、乡（镇）林业工作站和国有林场主要负责人警告或者记过处分；

（二）一次火灾受害森林面积 30 公顷以上或者损失活立木 2000 立方米以上的，给予有关乡（镇）人民政府、国有林场主要负责人降级或者撤职处分，给予有关县级林业行政主管部门主要负责人记大过或者降级处分；

（三）一次火灾受害森林面积 70 公顷以上或者损失活立木 5000 立方米以上的，给予县级人民政府主要负责人降级或者撤职处分，给予有关设区的市林业行政主管部门主要负责人记大过或者降级处分；

（四）一次火灾受害森林面积 350 公顷以上或者损失活立木 2 万立方米以上的，给予设区的市人民政府主要负责人降级或者撤职处分，给予省人民政府林业行政主管部门主要负责人记大过或者降级处分。

其他负有领导责任的人员，依其应承担的责任分别给予相应的处分。

第四十三条 违反本办法规定，森林、林木、林地的经营单位或者个人未履行森林防火责任的，由县级以上地方人民政府林业行政主管部门责令改正，对个人处 500 元以上 5000 元以下罚款，对单位处 1 万元以上 5 万元以下罚款。

第四十四条 违反本办法规定，森林防火期内未经批准擅自在森林防火区内野外用火的，由县级以上人民政府林业行政主管部门责令停止违法行为，给予警告，对用火个人并处 200 元以上 3000 元以下罚款，对用火单位并处 1 万元以上 5 万元以下罚款。

第四十五条 破坏森林防火设施、设备的，由县级以上人民政府林业行政主管部门责令其限期恢复原状或者赔偿损失。

第四十六条 违反森林防火管理规定构成犯罪的，由司法机关依法追究刑事责任。

第六章　附　则

第四十七条 本办法自 2013 年 9 月 1 日起施行。

江西省森林防火条例

（1989年7月15日江西省第七届人民代表大会常务委员会第九次会议通过；根据1994年2月22日江西省第八届人民代表大会常务委员会第七次会议第一次修正；根据1996年12月20日江西省第八届人民代表大会常务委员会第二十五次会议第二次修正；根据2012年9月27日江西省第十一届人民代表大会常务委员会第三十三次会议第三次修正）

第一章 总 则

第一条 为了有效预防和扑救森林火灾，保障人民生命财产安全，保护森林资源，维护生态安全，根据《中华人民共和国森林法》和国务院《森林防火条例》等有关法律、行政法规的规定，结合本省实际，制定本条例。

第二条 本省行政区域内森林火灾的预防和扑救，适用本条例。

第三条 森林防火工作实行预防为主、积极消灭的方针。

第四条 森林防火工作实行各级人民政府行政首长负责制。

各级人民政府应当按照分级负责、属地管理的原则建立健全森林防火责任制度，签订森林防火责任书，实行目标管理。

第五条 县级以上人民政府设立的森林防火指挥机构负责组织、协调和指导本行政区域的森林防火工作，其主要职责是：

（一）宣传、贯彻森林防火法律、法规、规章和政策；

（二）指导森林防火责任制的建立；

（三）组织开展森林防火安全检查，督促有关森林火灾隐患整改；

（四）组织、协调和指挥本行政区域的森林火灾扑救；

（五）研究、协调本行政区域有关森林防火工作的重大问题。

县级以上人民政府森林防火指挥机构应当建立专职指挥制度，加强对专职指挥人员的培训，推进森林火灾扑救专业化、规范化。

森林防火指挥机构办公室设在同级人民政府林业主管部门。

第六条　县级以上人民政府林业主管部门负责本行政区域森林防火的监督和管理工作，承担本级人民政府森林防火指挥机构的日常工作。

县级以上人民政府其他有关部门按照职责分工，负责有关的森林防火工作。

乡（镇）人民政府、街道办事处应当按照森林防火责任，做好本辖区的森林防火工作。

第七条　林区的村（居）民委员会和自然保护区、风景名胜区、森林公园的管理机构以及其他相关单位，应当健全森林防火组织，订立森林防火公约，划定森林防火责任区，实行森林防火分片包干责任制。

森林、林木、林地的经营单位和个人，按照谁经营、谁负责的原则，承担其经营范围内的森林防火责任。

第八条　森林防火工作涉及本省两个以上行政区域的，有关人民政府应当建立森林防火联防机制，确定联防责任区域，制定联防制度和措施，实行信息共享，并加强监督检查，共同做好联防区域的森林防火工作。

第九条　有下列情形之一的单位和个人，由县级以上人民政府按照有关规定给予表彰、奖励：

（一）认真落实森林防火责任制，森林防火工作成效显著的；

（二）发现森林火灾及时报告，避免重大损失的；

（三）扑救森林火灾表现突出的；

（四）推广和运用森林防火技术取得显著成效的；

（五）为预防和扑救森林火灾作出其他突出成绩的。

第二章　森林火灾的预防

第十条　县级以上人民政府林业主管部门应当会同发展改革部门根据上一级森林防火规划，结合本地实际，组织编制本行政区域的森林防火规划，报本级人民政府批准后组织实施。

第十一条　县级以上人民政府林业主管部门应当依照国务院《森林防火条例》的规定，编制森林火灾应急预案，报本级人民政府批准，并报上一级人民政府林业主管部门备案。

井冈山、庐山、南昌西山以及其他林区的国家级自然保护区、风景名胜区和森林公园的管理机构应当编制本区域森林火灾专项应急预案，报省人民政府林业主管部门备案。

县级人民政府应当组织林区的乡（镇）人民政府、街道办事处根据森林火灾应急预案，制定森林火灾应急处置办法；村（居）民委员会应当按照森林火灾应急预案和森林火灾应急处置办法的规定，协助做好森林火灾应急处置工作。

县级以上人民政府及其有关部门和单位应当根据实际情况组织开展森林火灾应急预案演练。

第十二条　县级以上人民政府应当根据森林防火规划，建立火灾监测预警系统和指挥通信系统，设置火情瞭望台、火险监测站和电子监控、无线通信等设施、设备；在林区主要入口或者人员活动频繁的地方设立森林防火警示宣传标志；合理营造生物防火林带或者开设防火隔离带，建设防火通道；按照国家规范要求建设森林火灾扑救物资储备库，储备森林防火物资和器材。

任何单位和个人不得破坏或者非法占用森林防火警示宣传标志、火情瞭望台、火险监测站和电子监控、无线通信等设施、设备。

第十三条　各级人民政府及其林业、教育、司法行政、广播电视等部门和新闻媒体应当组织和开展经常性的森林防火宣传，普及森林防火法律法规和安全避险知识，增强全社会森林防火意识。

每年10月为本省的森林防火宣传月。春节、清明、冬至等森林火灾易发期，各级人民政府、村（居）民委员会和有关单位应当采取有效措施，加强森林防火宣传。

第十四条　在林区依法开办工矿企业、设立旅游区、新建开发区或者建设其他可能影响森林防火安全的工程设施的，应当营造生物防火林带或者开设防火隔离带，

设置森林防火警示宣传标志等森林防火设施。森林防火设施应当与该建设项目同步规划、同步设计、同步施工、同步验收。规划、验收阶段，有关项目审批部门审批

时应当征求同级人民政府林业主管部门的意见。

第十五条　电力、电信线路和石油天然气管道的森林防火责任单位应当定期对穿越林区的电线、电缆、管道进行安全检测检修，采取有效防火措施，防止因线路、管道故障引发森林火灾。

因林木生长危及电线、电缆或者其他管线安全，导致森林火灾隐患的，应当及时采取消除措施。需要砍伐林木的，应当依法

报林业主管部门批准。

第十六条 县级人民政府和有森林防火任务的管理机构应当根据实际需要建立专业森林消防队伍。

林区的乡（镇）人民政府、街道办事处和林场应当根据实际需要，建立半专业森林消防队伍。

县级人民政府应当指导森林经营单位和林区的村（居）民委员会建立群众扑火应急队伍。

专业、半专业森林消防队伍和群众扑火应急队伍应当配备扑救工具和装备，定期进行培训和演练。

省、设区的市人民政府设立的森林消防机构，负责指导本行政区域森林消防队伍的建设和教育培训工作。

第十七条 林区的村（居）民委员会和森林、林木、林地的经营单位、个人，应当根据实际需要配备专职或者兼职护林员，承担下列森林防火职责：

（一）宣传森林防火法律、法规、规章和政策，讲解防火知识；

（二）巡山护林，管理野外用火，制止违反规定的野外用火行为，消除火灾隐患；

（三）及时报告火情，参加森林火灾扑救，协助调查森林火灾案件。

林区的村（居）民委员会可以根据实际需要配备森林火灾信息员，森林火灾信息员应当及时报告火情。

第十八条 森林防火是一项全年性的工作，每年10月1日至翌年4月30日为本省森林防火重点期。县级以上人民政府可以根据本地实际决定提前或者延长森林防火重点期，决定提前或者延长森林防火重点期的，应当向社会公布并报上一级人民政府森林防火指挥机构备案。

县级以上人民政府应当根据本行政区域内森林资源分布状况和森林火灾发生规律,划定森林防火区,并向社会公布。

第十九条 县级以上人民政府森林防火指挥机构应当组织有关部门对森林防火区内有关单位的森林防火工作进行检查;对检查中发现的森林火灾隐患,县级以上人民政府林业主管部门应当及时向有关单位下达森林火灾隐患整改通知书,责令限期整改,消除隐患。

森林防火重点期内,县级以上人民政府森林防火指挥机构和林区的乡(镇)人民政府、街道办事处应当建立二十四小时值班制度。

春节、清明、冬至期间和春耕备耕、秋收季节,各级人民政府应当组织有关部门和人员加强野外用火监测,严防森林火灾发生。

第二十条 森林防火重点期内,禁止在森林防火区烧荒、烧田埂草、烧草木灰、焚烧秸秆、吸烟、烤火、野炊、焚香烧纸、燃放烟花爆竹等一切野外用火。

因造林整地、烧除疫木等特殊情况确需野外用火的,必须经县级人民政府批准。

申请野外用火的,按照下列程序办理:

(一)向县级人民政府林业主管部门提交包括用火目的、地点、面积以及防火安全措施等内容的书面用火申请。

(二)县级人民政府林业主管部门应当实地核查用火单位或者个人的防火安全措施。

(三)县级人民政府林业主管部门应当自受理之日起五个工作日内提出是否予以批准的意见,报本级人民政府决定。予以批准的，应当报上一级人民政府森林防火指挥机构备案；不予批准的，应当将不予批准的理由书面告知用火单位或者个人。

经批准野外用火的，县级人民政府林业主管部门应当书面告知所在地的乡（镇）人民政府，由所在地的乡（镇）人民政府有计划地组织实施，并派员配合县级人民政府林业主管部门到现场进行指导。

经批准野外用火的，用火单位或者个人应当指定专人负责，事先开好防火隔离带，组织扑火人员，在森林火险等级三级以下天气条件下用火；用火结束后，应当检查清理火场，确保火种彻底熄灭，严防失火。

第二十一条　森林防火重点期内，森林、林木、林地的经营单位和个人应当设置森林防火警示宣传标志，并对进入其经营范围的人员进行森林防火安全宣传。

进入林区的旅客列车和汽车，司乘人员应当对旅客进行防火安全教育，严防旅客丢弃火种。

第二十二条　森林防火重点期内，省人民政府可以决定在森林防火区设立临时性的森林防火检查站。县级以上人民政府和有森林防火任务的管理机构应当加强森林

防火巡查。执行检查、巡查任务的人员应当佩戴专用标志，对进入车辆和人员进行森林防火检查，对携带的火源、火种、易燃易爆物品应当集中保管，任何单位和个人应当予以配合。

第二十三条　森林防火重点期内，预报有高温、干旱、大风等高火险天气的，县级以上人民政府应当划定森林高火险区，规定森林高火险期。必要时，县级以上人民政府可以根据需要发布命令，严禁一切野外用火；对可能引起森林火灾的居民生活用火应当严格管理。

第二十四条 县以上气象主管机构应当及时提供森林火险气象等级预报信息，必要时实施人工影响天气作业，降低森林火险等级。

广播、电视、报纸、政府门户网站等应当根据森林防火指挥机构的要求，无偿向社会播发或者刊登森林火险天气预报。

第二十五条 对无民事行为能力人和限制民事行为能力人负有监护责任的单位和个人，应当履行监护职责，严防被监护人进入森林用火、玩火。

第三章 森林火灾的扑救

第二十六条 县级以上人民政府应当公布森林火警电话，建立森林防火值班制度。

任何单位和个人发现森林火灾，应当立即报警。当地人民政府或者森林防火指挥机构接到报警后，应当立即调查核实，采取相应的扑救措施，并按照有关规定报告上级人民政府和森林防火指挥机构。

毗邻交界地区发现森林火灾的，当地森林防火指挥机构应当立即全力组织扑救，并互通信息，互相配合，不得互相推卸责任。

第二十七条 发生下列森林火灾，所在地的市、县（区）人民政府森林防火指挥机构应当立即报告省人民政府森林防火指挥机构，省人民政府森林防火指挥机构应当按照规定报告省人民政府，并及时通报有关部门：

（一）省际交界地区的森林火灾；

（二）造成人员死亡或者重伤的森林火灾；

（三）受害面积在一百公顷以上的森林火灾；

（四）威胁村庄、居民区和重要单位、设施的森林火灾；

（五）发生在国家级自然保护区、风景名胜区、森林公园及其他重点林区的森林火灾；

（六）超过十二个小时尚未扑灭明火的森林火灾；

（七）需要省人民政府支援扑救的森林火灾；

（八）其他影响重大的森林火灾。

第二十八条 发生森林火灾，县级以上人民政府森林防火指挥机构或者乡（镇）人民政府及有关单位应当按照规定立即启动森林火灾应急预案或者应急处置办法，根据火灾现场情况，合理确定扑救方案，组织人员、调集所需物资并指定负责人及时到达森林火灾现场具体指挥森林火灾的扑救。

发生森林火灾时，有关部门以及森林消防、群众扑火应急等扑火队伍，应当按照森林火灾应急预案和森林防火指挥机构的统一指挥，做好扑救森林火灾的有关工作。

在森林火灾现场，可以根据需要设立扑火前线指挥部。

第二十九条 驻赣武装警察森林部队执行森林火灾扑救任务，由省人民政府森林防火指挥机构统一调动，并接受火灾发生地森林防火指挥机构的统一指挥。

省人民政府支持驻赣武装警察森林部队建设，提高其扑救森林火灾的作战能力。

第三十条 扑救森林火灾，应当坚持以人为本、科学扑救，全力救助遇险人员，及时疏散、撤离受火灾威胁的群众，并做好火灾扑救人员的安全防护，尽最大可能避免和减少人员伤亡。

扑救森林火灾应当以专业、半专业森林消防队伍为主要力量，不得动员残疾人、孕妇、未成年人和其他不适宜参加森林火灾扑救的人员参加。

第三十一条　因扑救森林火灾的需要，县级以上人民政府森林防火指挥机构可以决定采取下列措施：

（一）开设应急防火隔离带或者转移疏散人员；

（二）拆除或者清除阻碍森林火灾扑救的有关建筑物、构筑物、设施等障碍物；

（三）人工增雨、应急取水；

（四）实行局部交通管制；

（五）调动供水、供电、供气、通信、医疗救护、交通运输等有关单位协助灭火救援；

（六）其他应急措施。

因扑救森林火灾需要征用物资、设备、交通运输工具的，由县级以上人民政府决定。森林火灾扑灭后，应当及时返还被征用的物资、设备和交通工具，并依照有关法律法规的规定给予补偿。

第四章　灾后处置

第三十二条　县级以上人民政府林业主管部门应当会同有关部门对森林火灾发生原因、肇事者、事故责任和损失情况等进行调查和评估，并在森林火灾扑灭后十五个工作日内向本级人民政府提交调查报告。

发生在行政区域交界地着火点位置不清的森林火灾，由上一级人民政府林业主管部门会同相关部门进行调查。

人民政府应当根据调查报告，在十五个工作日内确定森林火灾责任单位和责任人，并交有关机关依法处理。

第三十三条　森林火灾扑灭后，当地人民政府林业主管部门应当及时对森林火灾的有关情况建立档案，并指定专人负责森林火灾情况统计，按要求上报。

第三十四条 森林火灾信息由县级以上人民政府森林防火指挥机构或者林业主管部门按照规定的权限向社会发布，其他任何单位和个人不得擅自发布。

第三十五条 对因扑救森林火灾负伤、致残或者死亡的人员，按照国家有关规定给予医疗、抚恤。符合烈士评定条件的，依照《烈士褒扬条例》《军人抚恤优待条例》的有关规定办理。

第三十六条 省或者设区的市森林防火指挥机构决定调动专业森林消防队伍跨区域执行扑救任务的，应当给予执行扑救任务的森林消防队伍适当补助。

参加森林火灾扑救的人员的误工补贴和生活补助以及扑救森林火灾所发生的其他费用，按照省人民政府规定的标准，由森林火灾肇事单位或者个人支付；起火原因不清的，由起火单位支付。

森林火灾肇事单位、个人或者起火单位确实无力支付的部分，由当地人民政府支付。

误工补贴和生活补助以及扑救森林火灾所发生的其他费用，可以由当地人民政府先行支付。

第三十七条 因森林防火责任不落实，防控措施不力，造成野外火源失控、森林火灾频发、发生人员伤亡或者重大以上的森林火灾的县（市、区），由省人民政府森林防火指挥机构依照省有关规定将其确定为森林防火重点管理县（市、区），予以督促整改。

第五章　保障措施

第三十八条 县级以上人民政府应当将森林防火基础设施建

设纳入国民经济和社会发展规划,并将森林防火专项经费纳入本级财政预算,加强预防、扑救和基础保障等工作。

第三十九条 在林区依托森林资源从事旅游活动的景区景点经营单位,应当采取森林防火措施,落实森林防火责任,每年将不低于百分之三的门票收入用于本单位经营区域的森林防火。

第四十条 省人民政府加强航空护林工作,建立相关单位参与的航空护林协作机制,完善航空护林基础设施建设,并保障航空护林所需经费。

省人民政府林业主管部门所属的航空护林机构应当做好航空护林规划的拟定和实施、航空灭火的组织和协调以及相关飞行的管理和保障工作。

第四十一条 县级以上人民政府应当健全森林火灾保险保费补贴机制,鼓励和支持森林、林木、林地的经营单位和个人参加森林火灾保险。

县级以上人民政府有关部门和有森林防火任务的管理机构应当为所属的专业森林消防队队员依法办理养老、医疗、工伤等社会保险,并办理人身意外伤害保险。

鼓励乡(镇)人民政府和有森林防火任务的单位为所属的半专业森林消防队队员办理人身意外伤害保险。

第四十二条 森林防火专用车辆按照规定喷涂标志图案,安装警报器和标志灯具,车辆通行费和车辆购置税依照国家和本省的有关规定予以免除。

森林防火专用车辆执行扑救森林火灾任务时,在确保安全的前提下,不受行驶路线、行驶方向、行驶速度和信号灯的限制,其他车辆和行人应当让行。

第六章　法律责任

第四十三条　违反本条例规定，县级以上人民政府及其森林防火指挥机构、林业主管部门或者其他有关部门及其工作人员，有下列行为之一的，由其上级行政机关或者监察机关责令改正；情节严重的，对直接负责的主管人员和其他直接责任人员依法给予处分；构成犯罪的，依法追究刑事责任：

（一）未按照有关规定编制森林火灾应急预案的；

（二）发现森林火灾隐患未及时下达森林火灾隐患整改通知书的；

（三）对不符合森林防火要求的野外用火予以批准的；

（四）瞒报、谎报或者故意拖延报告森林火灾的；

（五）未及时采取森林火灾扑救措施的；

（六）不依法履行职责的其他行为。

第四十四条　违反本条例规定，森林、林木、林地的经营单位或者个人未履行森林防火责任的，由县级以上人民政府林业主管部门责令改正，对个人处五百元以上二千元以下罚款，对单位处一万元以上二万元以下罚款；情节严重的，对个人处二千元以上五千元以下罚款，对单位处二万元以上五万元以下罚款。

第四十五条　违反本条例规定，森林防火区内的电力、电信线路和石油天然气管道的森林防火责任单位以及其他有关单位或者个人，拒绝接受森林防火检查或者接到森林火灾隐患整改通知书逾期不消除火灾隐患的，由县级以上人民政府林业主管部门责令改正，给予警告，对个人并处二百元以上一千元以下罚款，对单位并处五千元以上八千元以下罚款；情节严重的，对个人并处一千元以上二千元以下罚款，对单位并处八千元以上一万元以下罚款。

第四十六条 违反本条例规定，森林防火重点期内在森林防火区烧荒、烧田埂草、烧草木灰、焚烧秸杆、吸烟、烤火、野炊、焚香烧纸、燃放烟花爆竹等野外用火的，由森林防火人员进行教育劝阻或者制止违法行为，并可由县级以上人民政府林业主管部门或者乡（镇）人民政府给予警告，处二百元以上一千元以下罚款；情节严重的，处一千元以上三千元以下罚款。

第四十七条 违反本条例规定，森林防火重点期内未经批准擅自在森林防火区进行造林整地、烧除疫木等野外用火的，由县级以上人民政府林业主管部门责令停止违法行为，给予警告，对个人并处二百元以上一千元以下罚款，对单位并处一万元以上二万元以下罚款；情节严重的，对个人并处一千元以上三千元以下罚款，对单位并处二万元以上五万元以下罚款。

违反本条例规定，森林防火重点期内经批准野外用火，而未按照规定的操作要求用火的，由县级以上人民政府林业主管部门责令停止违法行为，给予警告，对个人并处二百元以上五百元以下罚款，对单位并处五千元以上一万元以下罚款。

第四十八条 违反本条例规定，故意破坏或者非法占用森林防火警示宣传标志、火情瞭望台、火险监测站和电子监控、无线通信等设施、设备的，由县级以上人民政府林业主管部门责令停止违法行为，造成损毁的，责令赔偿损失；并给予警告，对个人处二百元以上一千元以下罚款，对单位处一万元以上二万元以下罚款。

第四十九条 违反本条例规定，在森林高火险期拒不执行县级以上人民政府发布的命令，在森林高火险区内野外用火，构成违反治安管理行为的,由森林公安机关依法处罚。

违反本条例规定,造成森林火灾的,应当依法承担民事赔偿责任;构成犯罪的,依法追究刑事责任;尚不构成犯罪的,除依照本条例第四十四条至第四十七条的规定追究法律责任外,县级以上人民政府林业主管部门可以责令责任人补种树木。

第七章 附 则

第五十条 本条例所称林区,是指本省行政区域内的山区、丘陵区和平原地区的林场及成片林地。

第五十一条 本条例自 2012 年 10 月 1 日起施行。

广东省森林防火工作责任制实施办法

广东省人民政府办公厅关于印发
《广东省森林防火工作责任制实施办法》的通知
粤办函〔2015〕515号

各地级以上市人民政府,各县(市、区)人民政府,省政府各部门、各直属机构:

《广东省森林防火工作责任制实施办法》已经省人民政府同意,现印发给你们,请认真贯彻落实。

省府办公厅
2015年10月26日

第一章 总 则

第一条 为有效预防和扑救森林火灾,最大限度减少灾害发生及其带来的损失,保护森林资源和国土生态安全,根据《森林防火条例》、《党政领导干部生态环境损害责任追究办法(试行)》、《广东省突发事件应对条例》、《广东省森林防火管理规定》、《广东省森林火灾应急预案》、《广东省〈关于实行党政领导干部问责的暂行规定〉实施办法》和《广东省行政过错责任追究暂行办法》等规定,制订本实施办法。

第二条 森林防火工作遵循"分级负责、属地管理,齐抓共管、协同联动,预防为主、积极消灭,以人为本、科学扑救"的原则。

第三条 森林防火工作实行各级人民政府行政首长负责制。各级人民政府及其有关单位主要负责人是本行政区、单位森林防火工作的第一责任人,对森林防火工作负主要领导责任;分管森林防火工作负责人为主要责任人,对森林防火工作负直接领导责任;各有关单位明确的森林防火责任人,对本单位森林防火工作负直接责任。

第四条 各级人民政府和有关单位及森林防火第一责任人、主要责任人、相关责任人,在森林火灾预防、扑救、灾后处置中的工作责任以及责任追究等适用本办法。法律、法规对森林防火责任另有规定的,从其规定。

第二章 管理责任

第五条 地级以上市、县(市、区)人民政府履行如下森林防火管理责任:

(一)根据省森林防火规划,组织编制本地区森林防火规划,并认真组织实施。

(二)将森林防火基础设施建设纳入本级政府国民经济和社会发展规划,将森林防火经费纳入本级财政预算。

(三)建立健全本级森林防火组织指挥体系,明确办事机构及工作人员,推动乡镇全覆盖。

(四)建立森林防火专家库,组建森林防火专家组。

(五)建立森林防火监控系统及应急指挥平台。

(六)加强森林消防和护林员队伍建设与管理,提高应急处置能力。

(七)划定森林防火区,及时向社会公布。

(八)贯彻落实上级政府及有关部门要求,在森林特别防火期，对本地区的森林防火工作进行安排部署、检查督促。

第六条 森林防火涉及两个以上行政区域的，有关地方人民政府应建立森林防火联防机制，确定联防区域，落实联防制度，实行信息共享，加强监督检查。

第七条 各级人民政府及有关单位应当完善森林防火责任制，逐级签订森林防火责任书。

第八条 在森林特别防火期内，实行森林防火值班和领导带班制度，严密监测森林火情，及时做好相关处置工作。各级森林防火指挥机构要严格执行森林火灾信息报告制度，一旦发生森林火灾，必须及时、如实、逐级向上级森林防火指挥机构报告，不得漏报、迟报、瞒报、谎报。

第三章　预防责任

第九条 有森林防火任务的镇级人民政府、街道办事处责任：

（一）采取多种形式加强森林防火宣传，组织单位、学校、村（居）民委员会、森林（林木、林地）经营单位开展经常性森林防火宣传教育活动，提高公众森林防火意识。

（二）建立健全护林员队伍，划定管护责任区，明确责任与任务，严格考核。

（三）坚决执行野外火源管理有关规定，制订并落实本辖区野外火源管理措施，及时排查森林火灾隐患并落实整改。组织、指导村（居）民委员会制订森林防火村规民约，严格管制野外农事、民俗用火。

（四）加强森林防火区内野外用火管理，对经批准的生产、生活用火加强管理，督促落实防火措施；对未经批准的野外用火及时依法处理。

（五）根据需要组建专业化程度较高的森林火灾扑救队伍，配齐扑火装备，开展必要的培训和演练。

（六）做好本级森林防火物资储备工作，及时更换、维修。

第十条 县级人民政府责任：

（一）组织宣传、林业、教育、民政、旅游、交通等有关单位做好森林防火宣传教育工作，重点在家庭、社区、学校、农村以及机关、工矿企业中普及森林防火知识。

（二）组织气象、林业部门和宣传媒体及时发布森林火险天气预报和森林火险预警信息，落实预警响应对措施。

（三）严格执行野外火源管理规定，采取有力措施管好野外火源。

1. 进入森林特别防火期，应全面组织清理铁路、高速公路、国道和省道以及其他主要道路两旁的可燃物；对林缘地带和林区内的营地、监狱（看守所）、厂矿、油（气）站、易燃易爆物品仓库和电力、通信线路、石油天然气管道、垃圾焚烧场以及森林旅游区开展隐患排查，发现问题，限期整改。

2. 加强对进入森林防火区活动人员的管理、监督和检查，严格管控各种生产、经营和建设、施工所需的野外用火，做好火灾防范措施。

3. 在森林特别防火期内，如遇持续高火险天气，必须发布命令，在森林防火区内严禁一切野外用火。组织开展执法检查，依法处罚违规野外用火。

（四）采取政府购买服务等方式，每5000亩林地至少配备1名专职护林员，落实护林经费，明确责任，严格考核。

（五）建立专业森林消防队伍并配齐装备；组织、指导镇级人民政府、街道办事处及有关企事业单位建立森林消防队伍，组织开展防火培训和演练。

（六）对在林区依法开办工矿企业、设立旅游区或者新建开发区的，督促其森林防火设施建设与项目建设同步规划、同步设计、同步施工、同步验收；在林区成片造林的，督促其同步配套营造生物防火林带，加强防火隔离带的建设与维护。

（七）建设80平方米以上的森林防火物资储备库，储备可供300人以上使用的灭火机具和装备。

第十一条　地级以上市人民政府责任：

（一）组织经常性森林防火宣传教育活动，普及森林防火知识，指导、检查、督促县级人民政府做好森林防火宣传工作。

（二）组织气象、林业部门和宣传媒体及时播发、刊载森林火险天气预报以及森林防火公益广告；及时发布森林火险等级和预警信息，落实预警响应应对措施。

（三）指导建立护林员管理制度，落实本级财政护林员补助经费。

（四）组织、指导县级人民政府制定野外火源管理规定，加强检查、督促及时排查森林火灾隐患，督促依法整治在森林防火区违规用火行为；必要时，发布严禁野外用火命令。

（五）结合实际，建立市级机动森林消防专业队，指导、督促县级人民政府及市属林场等单位加强专业或半专业森林消防队伍建设，组织开展培训和演练。

（六）建设200平方米以上的森林防火物资储备库，储备可供500人以上使用的灭火机具和装备。

第四章　扑救责任

第十二条　镇级人民政府、街道办事处责任：

（一）制订本级森林火灾应急处置办法；指导村（居）民委员会做好森林火灾应急处置工作。

（二）发生森林火灾，立即启用森林火灾应急处置办法，并按照有关规定上报县级人民政府及县森林防火指挥部办公室。

（三）及时疏散、撤离受火灾威胁人员。

（四）负责森林火灾应急处置过程中的后勤保障工作和扑火队伍相关补助。

（五）协助做好火灾调查、火案查处工作。

（六）森林火灾扑灭后，要对火场全面检查、清理余火，留足人员看守火场，并经县级森林防火指挥部检查验收合格后，方可撤离。

第十三条 县级人民政府责任：

（一）组织编制、批准实施本级森林火灾应急预案及应急预案操作手册，组织开展必要的演练；组织指导镇级人民政府、街道办事处制订森林火灾应急处置办法，并督促其加强演练。加强森林防火信息化、航空护林基础设施建设。

（二）接到火情报告，立即委派本级林业主管部门分管森林防火工作负责同志赶赴现场组织、指导处置工作，按照有关规定上报市级人民政府及市森林防火指挥部办公室。

（三）根据扑火救灾工作需要，迅速调度县专业或半专业森林消防队伍支援。视情况调度辖区内其他消防队伍增援，或请示市森林防火指挥部支援。

（四）组织、指导镇级人民政府及有关部门及时做好受火灾威胁群众的疏散、撤离，以及扑火人员的安全防护和后勤保障等工作。

（五）组织公安机关及有关部门开展火灾调查及火案侦查工作。

（六）在森林火灾扑灭后，督促当地镇级政府全面做好清理余火、看守火场及其他善后工作。

（七）组织开展受灾和损失情况的调查与评估，依法追究肇事者和相关责任人责任。

（八）组织有关部门对因扑救森林火灾负伤、致残或者死亡的人员，按照国家有关规定给予医疗、抚恤。

（九）协调解决参加扑火人员的误工补贴、生活补助以及扑救森林火灾所发生的其他费用。

（十）及时对火烧迹地采取更新造林措施，恢复森林植被。

第十四条 地级以上市人民政府责任：

（一）组织编制、批准实施本级森林火灾应急预案及应急预案操作手册，定期开展预案演练；指导县级人民政府编制森林火灾应急预案，并督促其加强演练。加强森林防火信息化建设、航空护林基地或起降场（点）建设，完善相关设施设备。

（二）发生火灾后，督促当地县级人民政府做好扑火救灾工作，视情况派出工作组指导做好救灾工作，并授权或委托市森林防火指挥部按照有关规定将扑火救灾情况上报省森林防火指挥部。

（三）指导、督促做好受火灾威胁群众的疏散、撤离，以及扑火人员的安全防护和后勤保障等工作。

（四）责成县级人民政府和有关部门查明火因、侦破火案、惩处肇事者，并对相关责任人进行问责。

（五）督促做好森林火灾扑灭后的火场清理、看守以及其他善后工作。

第十五条 发生有如下情形的森林火灾，当地人民政府有关领导必须赶赴现场组织处置：

（一）启用森林火灾应急处置办法后，乡镇（街道）人民政府必须派出领导到现场组织扑救山火，并及时向县级森林防火指挥部报告。对持续燃烧两小时尚未得到有效控制，或造成人员死亡或重伤的森林火灾，主要负责同志必须立即前往现场组织处置，并视火情态势报请县级森林防火指挥部支援。

（二）对持续燃烧4小时尚未得到有效控制，或因火灾造成1人以上死亡或3人以上重伤的森林火灾，县级人民政府分管领导或其他领导必须赶赴火场组织处置工作。

（三）有如下情形之一的森林火灾，县级人民政府主要领导必须赶到现场组织处置火情、处理善后工作：

1. 持续燃烧8小时尚未得到有效控制的；

2. 因火灾造成3人以上死亡或10人以上重伤的；

3. 危及居民区、营地、监狱（看守所）、厂房和军事、供电、供气设施以及其他易燃易爆仓库、油库等重要设施，森林公园和自然保护区的；

4. 需要请求市支援扑救的，以及国家森林防火指挥部和省、市领导作出批示要求的。

（四）有如下情形之一的森林火灾，地级以上市人民政府分管领导或其他领导必须赶赴火场组织处置火情、处理善后工作：1. 持续燃烧12小时尚未得到有效控制的，或因火灾造成3人以上死亡或10人以上重伤的；2. 距省界5公里以内或发生在地市交界的；3. 危及省级以上森林公园和自然保护区的。

（五）有如下情形之一的森林火灾，地级以上市人民政府主要领导必须赶赴火场组织处置火情、处理善后工作：

1. 持续燃烧20小时尚未得到有效控制的；

2. 过火面积超过300公顷的；

3. 人员伤亡情况达到较大以上森林火灾等级的；

4. 危及居民区、营地、监狱（看守所）、厂房区和军事、供电、供气以及其他易燃易爆仓库、油库等重要设施的；

5. 需要请求省支援扑救的，以及国家或省委、省政府领导作出批示要求的。

第十六条 实行现场指挥官制度，根据所启动的处置森林火灾应急响应，成立相应级别现场指挥部，明确（指定）现场指挥官。

第五章 部门责任

第十七条 省森林防火指挥部成员单位应当按照各自职责分工，落实相应的森林防火责任：

（一）林业部门负责监督和管理本行政区域的森林防火工作，并承担省森林防火指挥部办公室职责。

（二）发展改革（粮食）部门负责协调、指导森林防火发展规划的编制及项目建设；组织、协调有关部门保障扑火救灾粮食供应。

（三）经济和信息化部门负责组织、协调有关部门落实森林防火应急无线电频率，并免征通信频率占用费；做好扑救森林火灾所需的电力、成品油、药品等保障工作。

（四）教育部门负责组织、指导各级各类学校（不含技校）开展森林防火知识和法律法规教育；协同做好森林防火宣传工作。

（五）科技部门负责组织、协调森林防火科技攻关、森林防火科技项目立项和评审工作；将森林防火科学研究列入科技发展项目，协同有关部门推广和运用森林防火先进技术。

（六）公安部门负责组织公安消防力量参与扑救森林火灾；组织受森林火灾威胁区域的群众转移、疏散；维持灾区治安与交通秩序，必要时，对火场区域实行交通管制；组织、指导侦破森林火灾案件；指导、督促设在林区的看守所做好森林防火工作。

（七）民政部门负责教育、引导公民文明祭祀，做好陵园、公墓和坟地的火源管理工作；及时开放启用避护场所，紧急转移并妥善安置森林火灾受灾群众，及时发放救灾物资；指导开展受灾群众救助，协助做好伤亡人员亲属安抚工作。

（八）司法部门协同做好森林防火法律法规宣传工作，提供相应的法律援助；指导、督促设在林区的监狱做好森林防火工作。

（九）财政部门按事权与支出责任相适应的原则，对森林火灾预防和扑救、增强森林防火能力所需经费给予必要保障。

（十）人力资源社会保障部门负责组织、指导技校特别是林区的技校开展森林防火知识和法律法规教育；协同做好森林防火宣传工作。

（十一）国土资源部门配合做好森林防火地理信息系统建设，及时提供森林防火工作所需的地理信息数据、地图和资料。

（十二）交通运输部门负责组织、指导和督促公路管养单位及时清理公路用地范围内的森林火灾隐患；做好森林火灾扑救人员和扑救物资等应急运输保障。

（十三）农业部门负责指导、监督野外农事用火管理；协同做好农村森林火灾预防工作。

（十四）卫生部门负责做好灾区伤病员医疗救治和卫生防疫等工作；组织医务人员参加森林防火演练。

（十五）新闻出版广播电视部门协同做好森林防火宣传和有关信息传播工作；协助做好森林火灾扑救新闻发布工作。

（十六）旅游部门负责组织、指导、督促旅游区的经营单位建立森林防火责任制，配备设施和设备，做好预防和应急准备工作；

对进入其经营范围的人员、导游和游客进行森林防火宣传教育。

（十七）省军区负责协调解放军各单位做好军事禁区及辖区内的森林防火工作，与当地政府建立防扑火联动机制；组织、协调有森林防火任务的解放军有关单位制定扑救森林火灾应急预案；负责牵头组织、协调驻粤解放军、民兵、预备役部队参与森林扑火救灾工作；协调部队空管部门落实森林航空消防灭火飞行任务，必要时，协调增派增援飞机。

（十八）省武警总队负责协调、监督武警部队各单位做好辖区内森林防火工作；组织、协调有森林防火任务的武警部队有关单位制定扑救森林火灾应急预案；协调、组织指挥驻粤武警部队参与森林火灾扑救工作。

（十九）民航主管部门负责保障森林消防飞行航线与计划的落实；协调租用民航企业的飞机执行森林航空消防飞行任务。必要时，协助调派飞机增援扑火救灾、运送扑救人员、装备和物资。

（二十）通信主管部门负责组织协调各地基础电信运营企业提供扑火救灾所需应急通信保障及服务工作；指导、协调运营企业协助做好森林防火公益宣传、火险信息发布以及报警电话（12119）等保障工作。

（二十一）气象部门负责做好林火卫星监测、森林火险天气等级预测预报及预警发布工作；提供森林火险天气预测预报服务；及时提供火场区域天气预报和相关气象信息，并根据需要适时开展人工增雨作业。

（二十二）铁路部门负责组织、督促其经营单位做好所属林地森林防火工作，并配合县级以上人民政府做好铁路沿线森林火灾危险地段防火工作；组织、协调所辖铁路及城际轨道交通优先运送扑救人员、装备和物资；保障灾区铁路及城际轨道交通运输安全。

（二十三）电力、油气、环卫监管部门负责协调、督促其管辖单位落实森林防火责任，及时清除管道、线路沿线的森林火灾隐患；做好野外工程施工、焚烧垃圾等野外火源管理；在森林防火危险地段开设防火隔离带，并组织人员进行巡护。

市、县级森林防火指挥部成员单位参照前款规定履行职责，做好森林防火工作。

第六章 责任追究

第十八条 因执行本办法不力，造成森林火灾频繁发生或重大影响和损失的，由省森林防火指挥部总指挥或副总指挥视情节对地级以上市、县（市、区）政府相关责任人进行约谈。

第十九条 有以下情形之一的，约谈县级人民政府森林防火第一责任人：

（一）辖区内森林火灾频发，情节严重或造成重大影响的；

（二）年度森林火灾发生率每10万公顷森林面积超过10次，且森林火灾受害率超过1‰的；辖区内森林面积不足10万公顷，且森林火灾受害率超过1‰的；

（三）因森林火灾一次造成3人以上死亡或10人以上重伤的；

（四）发生重大、特别重大森林火灾的；

（五）漏报、迟报、瞒报、谎报森林火灾，情形严重的。

第二十条 有以下情形之一的，约谈地级以上市人民政府森林防火第一责任人或主要责任人：

（一）年度森林火灾发生率每10万公顷森林面积超过10次，且森林火灾受害率超过1‰的；

（二）辖区内发生特别重大森林火灾的，或人员伤亡达到重大森林火灾标准的；

（三）辖区内50%以上（含本数）的县（市、区）发生了重大以上森林火灾的；

（四）漏报、迟报、瞒报、谎报森林火灾，情形特别严重的。

第二十一条 被约谈单位应按照省森林防火指挥部的约谈要求，汇报相关情况，查找问题与原因，落实责任追究，提出整改措施。

约谈6个月后，由省森林防火指挥部派出工作组，对被约谈的地级以上市或县（市、区）落实整改情况进行检查。整改工作不到位的，由上级政府领导对下级政府主要领导或分管领导进行诫勉谈话。

第二十二条 对森林防火工作责任不落实、措施不到位、处置不及时，导致森林火灾频发，并造成重大损失或性质严重、影响恶劣的，按照干部管理权限向问责决定机关提出问责建议；对敷衍塞责、玩忽职守、失职渎职的有关责任人，按照党纪政纪严肃处理；对涉嫌犯罪的，移交司法机关处理。

第七章　附　则

第二十三条 本办法由省森林防火指挥部办公室负责解释。

第二十四条 本办法自印发之日起施行。

森林病虫害防治条例

（1989年11月17日国务院第五十次常务会议通过，1989年12月18日国务院令第46号发布施行）

第一章 总 则

第一条 为有效防治森林病虫害，保护森林资源，促进林业发展，维护自然生态平衡，根据《中华人民共和国森林法》有关规定，制定本条例。

第二条 本条例所称森林病虫害防治，是指对森林、林木、林木种苗及木材、竹材的病害和虫害的预防和除治。

第三条 森林病虫害防治实行"预防为主，综合治理"的方针。

第四条 森林病虫害防治实行"谁经营，谁防治"的责任制度。

地方各级人民政府应当制定措施和制度，加强对森林病虫害防治工作的领导。

第五条 国务院林业主管部门主管全国森林病虫害防治工作。

县级以上地方各级人民政府林业主管部门主管本行政区域内的森林病虫害防治工作，其所属的森林病虫害防治机构负责森林病虫害防治的具体组织工作。

区、乡林业工作站负责组织本区、乡的森林病虫害防治工作。

第六条　国家鼓励和支持森林病虫害防治科学研究，推广和应用先进技术，提高科学防治水平。

第二章　森林病虫害的预防

第七条　森林经营单位和个人在森林的经营活动中应当遵守下列规定：

（一）植树造林应当适地适树，提倡营造混交林，合理搭配树种，依照国家规定选用林木良种；造林设计方案必须有森林病虫害防治措施；

（二）禁止使用带有危险性病虫害的林木种苗进行育苗或者造林；

（三）对幼龄林和中龄林应当及时进行抚育管理，清除已经感染病虫害的林木；

（四）有计划地实行封山育林，改变纯林生态环境；

（五）及时清理火烧迹地，伐除受害严重的过火林木；

（六）采伐后的林木应当及时运出伐区并清理现场。

第八条　各级人民政府林业主管部门应当有计划地组织建立无检疫对象的林木种苗基地。各级森林病虫害防治机构应当依法对林木种苗和木材、竹材进行产地和调运检疫；发现新传入的危险性病虫害，应当及时采取严密封锁、扑灭措施，不得将危险性病虫害传出。

各口岸动植物检疫机构，应当按照国家有关进出境动植物检疫的法律规定，加强进境林木种苗和木材、竹材的检疫工作，防止境外森林病虫害传入。

第九条 各级人民政府林业主管部门应当组织和监督森林经营单位和个人，采取有效措施，保护好林内各种有益生物，并有计划地进行繁殖和培养，发挥生物防治作用。

第十条 国务院林业主管部门和省、自治区、直辖市人民政府林业主管部门的森林病虫害防治机构，应当综合分析各地测报数据，定期分别发布全国和本行政区域的森林病虫害中、长期趋势预报，并提出防治方案。

县、市、自治州人民政府林业主管部门或者其所属的森林病虫害防治机构，应当综合分析基层单位测报数据，发布当地森林病虫害短、中期预报，并提出防治方案。

全民所有的森林和林木，由国营林业局、国营林场或者其他经营单位组织森林病虫害情况调查。

集体和个人所有的森林和林木，由区、乡林业工作站或者县森林病虫害防治机构组织森林病虫害情况调查。

各调查单位应当按照规定向上一级林业主管部门或者其森林病虫害防治机构报告森林病虫害的调查情况。

第十一条 国务院林业主管部门负责制定主要森林病虫害的测报对象及测报办法；省、自治区、直辖市人民政府林业主管部门可以根据本行政区域的情况作出补充规定，并报国务院林业主管部门备案。

国务院林业主管部门和省、自治区、直辖市人民政府林业主管部门的森林病虫害防治机构可以在不同地区根据实际需要建立中心测报点，对测报对象进行调查与监测。

第十二条　地方各级人民政府林业主管部门应当对经常发生森林病虫害的地区，实施以营林措施为主，生物、化学和物理防治相结合的综合治理措施，逐步改变森林生态环境，提高森林抗御自然灾害的能力。

第十三条　各级人民政府林业主管部门可以根据森林病虫害防治的实际需要，建设下列设施：

（一）药剂、器械及其储备仓库；

（二）临时简易机场；

（三）测报试验室、检疫检验室、检疫隔离试种苗圃；

（四）林木种苗及木材熏蒸除害设施。

第三章　森林病虫害的除治

第十四条　发现严重森林病虫害的单位和个人，应当及时向当地人民政府或者林业主管部门报告。

当地人民政府或者林业主管部门接到报告后，应当及时组织除治，同时报告所在省、自治区、直辖市人民政府林业主管部门。

发生大面积暴发性或者危险性森林病虫害时，省、自治区、直辖市人民政府林业主管部门应当及时报告国务院林业主管部门。

第十五条　发生暴发性或者危险性的森林病虫害时，当地人民政府应当根据实际需要，组织有关部门建立森林病虫害防治临时指挥机构，负责制定紧急除治措施，协调解决工作中的重大问题。

第十六条　县级以上地方人民政府或者其林业主管部门应当制定除治森林病虫害的实施计划，并组织好交界地区的联防联治，对除治情况定期检查。

第十七条　施药必须遵守有关规定，防止环境污染，保证人畜安全，减少杀伤有益生物。

使用航空器施药时，当地人民政府林业主管部门应当事先进行调查设计，做好地面准备工作；林业、民航、气象部门应当密切配合，保证作业质量。

第十八条　发生严重森林病虫害时，所需的防治药剂、器械、油料等，商业、供销、物资、石油化工等部门应当优先供应，铁路、交通、民航部门应当优先承运，民航部门应当优先安排航空器施药。

第十九条　森林病虫害防治费用，全民所有的森林和林木，依照国家有关规定，分别从育林基金。木竹销售收入、多种经营收入和事业费中解决；集体和个人所有的森林和林木，由经营者负担，地方各级人民政府可以给予适当扶持。

对暂时没有经济收入的森林、林木和长期没有经济收入的防护林、水源林、特种用途林的森林经营单位和个人，其所需的森林病虫害防治费用由地方各级人民政府给予适当扶持。

发生大面积暴发性或者危险性病虫害，森林经营单位或者个人确实无力负担全部防治费用的，各级人民政府应当给予补助。

第二十条　国家在重点林区逐步实行森林病虫害保险制度，具体办法由中国人民保险公司会同国务院林业主管部门制定。

第四章　奖励和惩罚

第二十一条　有下列成绩之一的单位和个人，由人民政府或者林业主管部门给予奖励：

（一）严格执行森林病虫害防治法规，预防和除治措施得力，在本地区或者经营区域内，连续五年没有发生森林病虫害的；

（二）预报病情、虫情及时准确，并提出防治森林病虫害的合理化建议，被有关部门采纳，获得显著效益的；

（三）在森林病虫害防治科学研究中取得成果或者在应用推广科研成果中获得重大效益的；

（四）在林业基层单位连续从事森林病虫害防治工作满十年，工作成绩较好的；

（五）在森林病虫害防治工作中有其他显著成绩的。

第二十二条　有下列行为之一的，责令限期除治、赔偿损失，可以并处一百元至二千元的罚款：

（一）用带有危险性病虫害的林木种苗进行育苗或者造林的；

（二）发生森林病虫害不除治或者除治不力，造成森林病虫害蔓延成灾的；

（三）隐瞒或者虚报森林病虫害情况，造成森林病虫害蔓延成灾的。

第二十三条　违反植物检疫法规调运林木种苗或者木材的，除依照植物检疫法规处罚外，并可处五十元至二千元的罚款。

第二十四条　有本条例第二十二条、第二十三条规定行为的责任人员或者在森林病虫害防治工作中有失职行为的国家工作人员，由其所在单位或者上级机关给予行政处分；构成犯罪的，由司法机关依法追究刑事责任。

第二十五条　被责令限期除治森林病虫害者不除治的，林业主管部门或者其授权的单位可以代为除治，由被责令限期除治者承担全部防治费用。

代为除治森林病虫害的工作，不因被责令限期除治者申请复议或者起诉而停止执行。

第二十六条 本条例规定的行政处罚,由县级以上人民政府林业主管部门或其授权的单位决定。

当事人对行政处罚决定不服的,可以在接到处罚通知之日起十五日内向作出处罚决定机关的上一级机关申请复议;对复议决定不服的,可以在接到复议决定书之日起十五日内向人民法院起诉。当事人也可以在接到处罚通知之日起十五日内直接向人民法院起诉。期满不申请复议或者不起诉又不履行处罚决定的,由作出处罚决定的机关申请人民法院强制执行。

第五章 附 则

第二十七条 本条例由国务院林业主管部门负责解释。

第二十八条 省、自治区、直辖市人民政府可以根据本条例结合本地实际情况,制定实施办法。

第二十九条 城市园林管理部门管理的森林和林木,其病虫害防治工作由城市园林管理部门参照本条例执行。

第三十条 本条例自发布之日起施行。

退耕还林条例

中华人民共和国国务院令

第 367 号

《退耕还林条例》已经 2002 年 12 月 6 日国务院第 66 次常务会议通过，现予公布，自 2003 年 1 月 20 日起施行。

总理　朱镕基

二〇〇二年十二月十四日

第一章　总　则

第一条　为了规范退耕还林活动，保护退耕还林者的合法权益，巩固退耕还林成果，优化农村产业结构，改善生态环境，制定本条例。

第二条　国务院批准规划范围内的退耕还林活动，适用本条例。

第三条　各级人民政府应当严格执行"退耕还林、封山绿化、以粮代赈、个体承包"的政策措施。

第四条 退耕还林必须坚持生态优先。退耕还林应当与调整农村产业结构、发展农村经济、防治水土流失、保护和建设基本农田、提高粮食单产、加强农村能源建设、实施生态移民相结合。

第五条 退耕还林应当遵循下列原则：

（一）统筹规划、分步实施、突出重点、注重实效；

（二）政策引导和农民自愿退耕相结合，谁退耕、谁造林、谁经营、谁受益；

（三）遵循自然规律，因地制宜，宜林则林，宜草则草，综合治理；

（四）建设与保护并重，防止边治理边破坏；

（五）逐步改善退耕还林者的生活条件。

第六条 国务院西部开发工作机构负责退耕还林工作的综合协调，组织有关部门研究制定退耕还林有关政策、办法，组织和协调退耕还林总体规划的落实；国务院林业行政主管部门负责编制退耕还林总体规划、年度计划，主管全国退耕还林的实施工作，负责退耕还林工作的指导和监督检查；国务院发展计划部门会同有关部门负责退耕还林总体规划的审核、计划的汇总、基建年度计划的编制和综合平衡；国务院财政主管部门负责退耕还林中央财政补助资金的安排和监督管理；国务院农业行政主管部门负责已垦草场的退耕还草以及天然草场的恢复和建设有关规划、计划的编制，以及技术指导和监督检查；国务院水行政主管部门负责退耕还林还草地区小流域治理、水土保持等相关工作的技术指导和监督检查；国务院粮食行政管理部门负责粮源的协调和调剂工作。

县级以上地方人民政府林业、计划、财政、农业、水利、粮食等部门在本级人民政府的统一领导下，按照本条例和规定的职责分工，负责退耕还林的有关工作。

第七条 国家对退耕还林实行省、自治区、直辖市人民政府负责制。省、自治区、直辖市人民政府应当组织有关部门采取措施，保证退耕还林中央补助资金的专款专用，组织落实补助粮食的调运和供应，加强退耕还林的复查工作，按期完成国家下达的退耕还林任务，并逐级落实目标责任，签订责任书，实现退耕还林目标。

第八条 退耕还林实行目标责任制。

县级以上地方各级人民政府有关部门应当与退耕还林工程项目负责人和技术负责人签订责任书，明确其应当承担的责任。

第九条 国家支持退耕还林应用技术的研究和推广，提高退耕还林科学技术水平。

第十条 国务院有关部门和地方各级人民政府应当组织开展退耕还林活动的宣传教育，增强公民的生态建设和保护意识。

在退耕还林工作中做出显著成绩的单位和个人，由国务院有关部门和地方各级人民政府给予表彰和奖励。

第十一条 任何单位和个人都有权检举、控告破坏退耕还林的行为。

有关人民政府及其有关部门接到检举、控告后，应当及时处理。

第十二条 各级审计机关应当加强对退耕还林资金和粮食补助使用情况的审计监督。

第二章 规划和计划

第十三条 退耕还林应当统筹规划。

退耕还林总体规划由国务院林业行政主管部门编制，经国务院西部开发工作机构协调、国务院发展计划部门审核后,报国务院批准实施。

省、自治区、直辖市人民政府林业行政主管部门根据退耕还林总体规划会同有关部门编制本行政区域的退耕还林规划,经本级人民政府批准,报国务院有关部门备案。

第十四条 退耕还林规划应当包括下列主要内容:

(一) 范围、布局和重点;

(二) 年限、目标和任务;

(三) 投资测算和资金来源;

(四) 效益分析和评价;

(五) 保障措施。

第十五条 下列耕地应当纳入退耕还林规划,并根据生态建设需要和国家财力有计划实施退耕还林:

(一) 水土流失严重的;

(二) 沙化、盐碱化、石漠化严重的;

(三) 生态地位重要、粮食产量低而不稳的。

江河源头及其两侧、湖库周围的陡坡耕地以及水土流失和风沙危害严重等生态地位重要区域的耕地,应当在退耕还林规划中优先安排。

第十六条 基本农田保护范围内的耕地和生产条件较好、实际粮食产量超过国家退耕还林补助粮食标准并且不会造成水土流失的耕地,不得纳入退耕还林规划;但是,因生态建设特殊需要,经国务院批准并依照有关法律、行政法规规定的程序调整基本农田保护范围后,可以纳入退耕还林规划。

制定退耕还林规划时,应当考虑退耕农民长期的生计需要。

第十七条 退耕还林规划应当与国民经济和社会发展规划、

农村经济发展总体规划、土地利用总体规划相衔接，与环境保护、水土保持、防沙治沙等规划相协调。

第十八条 退耕还林必须依照经批准的规划进行。未经原批准机关同意，不得擅自调整退耕还林规划。

第十九条 省、自治区、直辖市人民政府林业行政主管部门根据退耕还林规划，会同有关部门编制本行政区域下一年度退耕还林计划建议，由本级人民政府发展计划部门审核，并经本级人民政府批准后，于每年8月31日前报国务院西部开发工作机构、林业、发展计划等有关部门。国务院林业行政主管部门汇总编制全国退耕还林年度计划建议，经国务院西部开发工作机构协调，国务院发展计划部门审核和综合平衡，报国务院批准后，由国务院发展计划部门会同有关部门于10月31日前联合下达。

省、自治区、直辖市人民政府发展计划部门会同有关部门根据全国退耕还林年度计划，于11月30日前将本行政区域下一年度退耕还林计划分解下达到有关县（市）人民政府，并将分解下达情况报国务院有关部门备案。

第二十条 省、自治区、直辖市人民政府林业行政主管部门根据国家下达的下一年度退耕还林计划，会同有关部门编制本行政区域内的年度退耕还林实施方案，经国务院林业行政主管部门审核后，报本级人民政府批准实施。

县级人民政府林业行政主管部门可以根据批准后的省级退耕还林年度实施方案，编制本行政区域内的退耕还林年度实施方案，报本级人民政府批准后实施，并报省、自治区、直辖市人民政府林业行政主管部门备案。

第二十一条 年度退耕还林实施方案，应当包括下列主要内容：

（一）退耕还林的具体范围；
（二）生态林与经济林比例；
（三）树种选择和植被配置方式；
（四）造林模式；
（五）种苗供应方式；
（六）植被管护和配套保障措施；
（七）项目和技术负责人。

第二十二条　县级人民政府林业行政主管部门应当根据年度退耕还林实施方案组织专业人员或者有资质的设计单位编制乡镇作业设计，把实施方案确定的内容落实到具体地块和土地承包经营权人。

编制作业设计时，干旱、半干旱地区应当以种植耐旱灌木（草）、恢复原有植被为主；以间作方式植树种草的，应当间作多年生植物，主要林木的初植密度应当符合国家规定的标准。

第二十三条　退耕土地还林营造的生态林面积，以县为单位核算，不得低于退耕土地还林面积的80%。

退耕还林营造的生态林，由县级以上地方人民政府林业行政主管部门根据国务院林业行政主管部门制定的标准认定。

第三章　造林、管护与检查验收

第二十四条　县级人民政府或者其委托的乡级人民政府应当与有退耕还林任务的土地承包经营权人签订退耕还林合同。

退耕还林合同应当包括下列主要内容：

（一）退耕土地还林范围、面积和宜林荒山荒地造林范围、面积；

（二）按照作业设计确定的退耕还林方式；

（三）造林成活率及其保存率；

（四）管护责任；

（五）资金和粮食的补助标准、期限和给付方式；

（六）技术指导、技术服务的方式和内容；

（七）种苗来源和供应方式；

（八）违约责任；

（九）合同履行期限。

退耕还林合同的内容不得与本条例以及国家其他有关退耕还林的规定相抵触。

第二十五条 退耕还林需要的种苗，可以由县级人民政府根据本地区实际组织集中采购，也可以由退耕还林者自行采购。集中采购的，应当征求退耕还林者的意见，并采用公开竞价方式，签订书面合同，超过国家种苗造林补助费标准的，不得向退耕还林者强行收取超出部分的费用。

任何单位和个人不得为退耕还林者指定种苗供应商。

禁止垄断经营种苗和哄抬种苗价格。

第二十六条 退耕还林所用种苗应当就地培育、就近调剂，优先选用乡土树种和抗逆性强树种的良种壮苗。

第二十七条 林业、农业行政主管部门应当加强种苗培育的技术指导和服务的管理工作，保证种苗质量。

销售、供应的退耕还林种苗应当经县级人民政府林业、农业行政主管部门检验合格，并附具标签和质量检验合格证；跨县调运的，还应当依法取得检疫合格证。

第二十八条 省、自治区、直辖市人民政府应当根据本行政区域的退耕还林规划，加强种苗生产与采种基地的建设。

国家鼓励企业和个人采取多种形式培育种苗,开展产业化经营。

第二十九条 退耕还林者应当按照作业设计和合同的要求植树种草。

禁止林粮间作和破坏原有林草植被的行为。

第三十条 退耕还林者在享受资金和粮食补助期间,应当按照作业设计和合同的要求在宜林荒山荒地造林。

第三十一条 县级人民政府应当建立退耕还林植被管护制度,落实管护责任。

退耕还林者应当履行管护义务。

禁止在退耕还林项目实施范围内复耕和从事滥采、乱挖等破坏地表植被的活动。

第三十二条 地方各级人民政府及其有关部门应当组织技术推广单位或者技术人员,为退耕还林提供技术指导和技术服务。

第三十三条 县级人民政府林业行政主管部门应当按照国务院林业行政主管部门制定的检查验收标准和办法,对退耕还林建设项目进行检查验收,经验收合格的,方可发给验收合格证明。

第三十四条 省、自治区、直辖市人民政府应当对县级退耕还林检查验收结果进行复查,并根据复查结果对县级人民政府和有关责任人员进行奖惩。

国务院林业行政主管部门应当对省级复查结果进行核查,并将核查结果上报国务院。

第四章　资金和粮食补助

第三十五条 国家按照核定的退耕还林实际面积,向土地承包经营权人提供补助粮食、种苗造林补助费和生活补助费。具体补助标准和补助年限按照国务院有关规定执行。

第三十六条 尚未承包到户和休耕的坡耕地退耕还林的,以及纳入退耕还林规划的宜林荒山荒地造林,只享受种苗造林补助费。

第三十七条 种苗造林补助费和生活补助费由国务院计划、财政、林业部门按照有关规定及时下达、核拨。

第三十八条 补助粮食应当就近调运,减少供应环节,降低供应成本。粮食补助费按照国家有关政策处理。

粮食调运费用由地方财政承担,不得向供应补助粮食的企业和退耕还林者分摊。

第三十九条 省、自治区、直辖市人民政府应当根据当地口粮消费习惯和农作物种植习惯以及当地粮食库存实际情况合理确定补助粮食的品种。

补助粮食必须达到国家规定的质量标准。不符合国家质量标准的,不得供应给退耕还林者。

第四十条 退耕土地还林的第一年,该年度补助粮食可以分两次兑付,每次兑付的数量由省、自治区、直辖市人民政府确定。

从退耕土地还林第二年起,在规定的补助期限内,县级人民政府应当组织有关部门和单位及时向持有验收合格证明的退耕还林者一次兑付该年度补助粮食。

第四十一条 兑付的补助粮食,不得折算成现金或者代金券。供应补助粮食的企业不得回购退耕还林补助粮食。

第四十二条 种苗造林补助费应当用于种苗采购,节余部分可以用于造林补助和封育管护。

退耕还林者自行采购种苗的,县级人民政府或者其委托的乡级人民政府应当在退耕还林合同生效时一次付清种苗造林补助费。

集中采购种苗的,退耕还林验收合格后,种苗采购单位应当与退耕还林者结算种苗造林补助费。

第四十三条 退耕土地还林后,在规定的补助期限内,县级人民政府应当组织有关部门及时向持有验收合格证明的退耕还林者一次付清该年度生活补助费。

第四十四条 退耕还林资金实行专户存储、专款专用,任何单位和个人不得挤占、截留、挪用和克扣。

任何单位和个人不得弄虚作假、虚报冒领补助资金和粮食。

第四十五条 退耕还林所需前期工作和科技支撑等费用,国家按照退耕还林基本建设投资的一定比例给予补助,由国务院发展计划部门根据工程情况在年度计划中安排。

第四十六条 实施退耕还林的乡(镇)、村应当建立退耕还林公示制度,将退耕还林者的退耕还林面积、造林树种、成活率以及资金和粮食补助发放等情况进行公示。

第五章 其他保障措施

第四十七条 国家保护退耕还林者享有退耕土地上的林木(草)所有权。自行退耕还林的,土地承包经营权人享有退耕土地上的林木(草)所有权;委托他人还林或者与他人合作还林的,退耕土地上的林木(草)所有权由合同约定。

退耕土地还林后,由县级以上人民政府依照森林法、草原法的有关规定发放林(草)权属证书,确认所有权和使用权,并依法办理土地变更登记手续。土地承包经营合同应当作相应调整。

第四十八条 退耕土地还林后的承包经营权期限可以延长到70年。承包经营权到期后,土地承包经营权人可以依照有关法律、法规的规定继续承包。

退耕还林土地和荒山荒地造林后的承包经营权可以依法继承、转让。

第四十九条 退耕还林者按照国家有关规定享受税收优惠,其中退耕还林(草)所取得的农业特产收入,依照国家规定免征农业特产税。

退耕还林的县(市)农业税收因灾减收部分,由上级财政以转移支付的方式给予适当补助;确有困难的,经国务院批准,由中央财政以转移支付的方式给予适当补助。

第五十条 资金和粮食补助期满后,在不破坏整体生态功能的前提下,经有关主管部门批准,退耕还林者可以依法对其所有的林木进行采伐。

第五十一条 地方各级人民政府应当加强基本农田和农业基础设施建设,增加投入,改良土壤,改造坡耕地,提高地力和单位粮食产量,解决退耕还林者的长期口粮需求。

第五十二条 地方各级人民政府应当根据实际情况加强沼气、小水电、太阳能、风能等农村能源建设,解决退耕还林者对能源的需求。

第五十三条 地方各级人民政府应当调整农村产业结构,扶持龙头企业,发展支柱产业,开辟就业门路,增加农民收入,加快小城镇建设,促进农业人口逐步向城镇转移。

第五十四条 国家鼓励在退耕还林过程中实行生态移民,并对生态移民农户的生产、生活设施给予适当补助。

第五十五条 退耕还林后,有关地方人民政府应当采取封山禁牧、舍饲圈养等措施，保护退耕还林成果。

第五十六条 退耕还林应当与扶贫开发、农业综合开发和水土保持等政策措施相结合，对不同性质的项目资金应当在专款专用的前提下统筹安排，提高资金使用效益。

第六章 法律责任

第五十七条 国家工作人员在退耕还林活动中违反本条例的规定，有下列行为之一的，依照刑法关于贪污罪、受贿罪、挪用公款罪或者其他罪的规定，依法追究刑事责任；尚不够刑事处罚的，依法给予行政处分：

（一）挤占、截留、挪用退耕还林资金或者克扣补助粮食的；

（二）弄虚作假、虚报冒领补助资金和粮食的；

（三）利用职务上的便利收受他人财物或者其他好处的。

国家工作人员以外的其他人员有前款第（二）项行为的，依照刑法关于诈骗罪或者其他罪的规定，依法追究刑事责任；尚不够刑事处罚的，由县级以上人民政府林业行政主管部门责令退回所冒领的补助资金和粮食，处以冒领资金额 2 倍以上 5 倍以下的罚款。

第五十八条 国家机关工作人员在退耕还林活动中违反本条例的规定，有下列行为之一的，由其所在单位或者上一级主管部门责令限期改正，退还分摊的和多收取的费用，对直接负责的主管人员和其他直接责任人员，依照刑法关于滥用职权罪、玩忽职守罪或者其他罪的规定，依法追究刑事责任；尚不够刑事处罚的，依法给予行政处分：

（一）未及时处理有关破坏退耕还林活动的检举、控告的；

（二）向供应补助粮食的企业和退耕还林者分摊粮食调运费用的；

（三）不及时向持有验收合格证明的退耕还林者发放补助粮食和生活补助费的；

（四）在退耕还林合同生效时，对自行采购种苗的退耕还林者未一次付清种苗造林补助费的；

（五）集中采购种苗的，在退耕还林验收合格后，未与退耕还林者结算种苗造林补助费的；

（六）集中采购的种苗不合格的；

（七）集中采购种苗的，向退耕还林者强行收取超出国家规定种苗造林补助费标准的种苗费的；

（八）为退耕还林者指定种苗供应商的；

（九）批准粮食企业向退耕还林者供应不符合国家质量标准的补助粮食或者将补助粮食折算成现金、代金券支付的；

（十）其他不依照本条例规定履行职责的。

第五十九条 采用不正当手段垄断种苗市场，或者哄抬种苗价格的，依照刑法关于非法经营罪、强迫交易罪或者其他罪的规定，依法追究刑事责任；尚不够刑事处罚的，由工商行政管理机关依照反不正当竞争法的规定处理；反不正当竞争法未作规定的，由工商行政管理机关处以非法经营额2倍以上5倍以下的罚款。

第六十条 销售、供应未经检验合格的种苗或者未附具标签、质量检验合格证、检疫合格证的种苗的，依照刑法关于生产、销售伪劣种子罪或者其他罪的规定，依法追究刑事责任；尚不够刑事处罚的，由县级以上人民政府林业、农业行政主管部门或者工商行政管理机关依照种子法的规定处理；种子法未作规定的，由县级以上人民政府林业、农业行政主管部门依据职权处以非法经营额2倍以上5倍以下的罚款。

第六十一条 供应补助粮食的企业向退耕还林者供应不符合国家质量标准的补助粮食的,由县级以上人民政府粮食行政管理部门责令限期改正,可以处非法供应的补助粮食数量乘以标准口粮单价1倍以下的罚款。

供应补助粮食的企业将补助粮食折算成现金额、代金券支付的,或者回购补助粮食的,由县级以上人民政府粮食行政管理部门责令限期改正,可以处折算现金额、代金券额或者回购粮食价款1倍以下的罚款。

第六十二条 退耕还林者擅自复耕,或者林粮间作、在退耕还林项目实施范围内从事滥采、乱挖等破坏地表植被的活动的,依照刑法关于非法占用农用地罪、滥伐林木罪或者其他罪的规定,依法追究刑事责任;尚不够刑事处罚的,由县级以上人民政府林业、农业、水利行政主管部门依照森林法、草原法、水土保持法的规定处罚。

第七章 附　则

第六十三条 已垦草场退耕还草和天然草场恢复与建设的具体措施,依照草原法和国务院有关规定执行。

退耕还林还草地区小流域治理、水土保持等相关工作的具体实施,依照水土保持法和国务院有关规定执行。

第六十四条 国务院批准的规划范围外的土地,地方各级人民政府决定实施退耕还林的,不享受本条例规定的中央政策补助。

第六十五条 本条例自2003年1月20日起施行。

森林采伐更新管理办法

中华人民共和国国务院令

第 588 号

《国务院关于废止和修改部分行政法规的决定》已经 2010 年 12 月 29 日国务院第 138 次常务会议通过,现予公布,自公布之日起施行。

总理　温家宝

二〇一一年一月八日

(1987 年 8 月 25 日国务院批准,1987 年 9 月 10 日林业部发布;根据 2010 年 12 月 29 日国务院第 138 次常务会议《国务院关于废止和修改部分行政法规的决定》修订)

第一章　总　则

第一条　为合理采伐森林,及时更新采伐迹地,恢复和扩大森林资源，根据《中华人民共和国森林法》（以下简称森林法）及有关规定，制定本办法。

第二条　森林采伐更新要贯彻"以营林为基础，普遍护林，大力造林，采育结合，永续利用"的林业建设方针，执行森林经营方案，实行限额采伐，发挥森林的生态效益、经济效益和社会效益。

第三条　全民、集体所有的森林、林木和个人所有的林木采伐更新，必须遵守本办法。

第二章　森林采伐

第四条　森林采伐，包括主伐、抚育采伐、更新采伐和低产林改造。

第五条　采伐林木按照森林法实施条例第三十条规定，申请林木采伐许可证时，除提交其他必备的文件外，国营企业事业单位和部队还应当提交有关主管部门核定的年度木材生产计划；农村集体、个人还应当提交基层林业站核定的年度采伐指标。上年度进行采伐的，应当提交上年度的更新验收合格证。

第六条　林木采伐许可证的核发，按森林法及其实施条例的有关规定办理。授权核发林木采伐许可证，应当有书面文件。被授权核发林木采伐许可证的单位，应当配备熟悉业务的人员，并受授权单位监督。

国营林业局、国营林场根据林木采伐许可证、伐区设计文件和年度木材生产计划，向其基层经营单位拨交伐区，发给国有林林木采伐作业证。作业证格式由省、自治区、直辖市林业主管部门制定。

第七条 对用材林的成熟林和过熟林实行主伐。主要树种的主伐年龄，按《用材林主要树种主伐年龄表》的规定执行。定向培育的森林以及表内未列入树种的主伐年龄，由省、自治区、直辖市林业主管部门规定。

第八条 用材林的主伐方式为择伐、皆伐和渐伐。

中幼龄树木多的复层异龄林，应当实行择伐。择伐强度不得大于伐前林木蓄积量的40%，伐后林分郁闭度应当保留在0.5以上。伐后容易引起林木风倒、自然枯死的林分，择伐强度应当适当降低。两次择伐的间隔期不得少于一个龄级期。

成过熟单层林、中幼龄树木少的异龄林，应当实行皆伐。皆伐面积一次不得超过5公顷，坡度平缓、土壤肥沃、容易更新的林分，可以扩大到20公顷。在采伐带、采伐块之间，应当保留相当于皆伐面积的林带、林块。对保留的林带、林块，待采伐迹地上更新的幼树生长稳定后方可采伐。皆伐后依靠天然更新的，每公顷应当保留适当数量的单株或者群状母树。

天然更新能力强的成过熟单层林，应当实行渐伐。全部采伐更新过程不得超过一个龄级期。上层林木郁闭度较小，林内幼苗、幼树株数已经达到更新标准的，可进行二次渐伐，第一次采伐林木蓄积量的50%；上层林木郁闭度较大，林内幼苗、幼树株数达不到更新标准的，可进行三次渐伐，第一次采伐林木蓄积量的30%，第二次采伐保留林木蓄积的50%，第三次采伐应当在林内更新起来的幼树接近或者达到郁闭状态时进行。

毛竹林采伐后每公顷应当保留的健壮母竹，不得少于2000株。

第九条 对下列森林只准进行抚育和更新采伐：

（一）大型水库、湖泊周围山脊以内和平地150米以内的森林、干渠的护岸林。

（二）大江、大河两岸 150 米以内，以及大江、大河主要支流两岸 50 米以内的森林；在此范围内有山脊的，以第一层山脊为界。

（三）铁路两侧各 100 米、公路干线两侧各 50 米以内的森林；在此范围内有山脊的，以第一层山脊为界。

（四）高山森林分布上限以下 150 米至 200 米以内的森林。

（五）生长在坡陡和岩石裸露地方的森林。

第十条 防护林和特种用途林中的国防林、母树林、环境保护林、风景林的更新采伐技术规程，由林业部会同有关部门制定。

薪炭林、经济林的采伐技术规程，由省、自治区、直辖市林业主管部门制定。

第十一条 幼龄林、中龄林的抚育采伐，包括透光抚育、生长抚育、综合抚育；低产林的改造，包括局部改造和全面改造，其具体办法按照林业部发布的有关技术规程执行。

第十二条 国营林业局和国营、集体林场的采伐作业，应当遵守下列规定：

（一）按林木采伐许可证和伐区设计进行采伐，不得越界采伐或者遗弃应当采伐的林木。

（二）择伐和渐伐作业实行采伐木挂号，先伐除病腐木、风折木、枯立木以及影响目的树种生长和无生长前途的树木，保留生长健壮、经济价值高的树木。

（三）控制树倒方向，固定集材道，保护幼苗、幼树、母树和其他保留树木。依靠天然更新的，伐后林地上幼苗、幼树株数保存率应当达到 60% 以上。

（四）采伐的木材长度 2 米以上，小头直径不小于 8 厘米的，全部运出利用；伐根高度不得超过 10 厘米。

（五）伐区内的采伐剩余物和藤条、灌木，在不影响森林更新的原则下，采取保留、利用、火烧、堆集或者截短散铺方法清理。

（六）对容易引起水土冲刷的集材主道，应当采取防护措施。其他单位和个人的采伐作业，参照上述规定执行。

第十三条　森林采伐后，核发林木采伐许可证的部门应当对采伐作业质量组织检查验收，签发采伐作业质量验收证明。验收证明格式由省、自治区、直辖市林业主管部门制定。

第三章　森林更新

第十四条　采伐林木的单位和个人，应当按照优先发展人工更新，人工更新、人工促进天然更新、天然更新相结合的原则，在采伐后的当年或者次年内必须完成更新造林任务。

第十五条　更新质量必须达到以下标准：

（一）人工更新，当年成活率应当不低于85%，3年后保存率应当不低于80%。

（二）人工促进天然更新，补植、补播后的成活率和保存率达到人工更新的标准；天然下种前整地的，达到本条第三项规定的天然更新标准。

（三）天然更新，每公顷皆伐迹地应当保留健壮目的树种幼树不少于3000株或者幼苗不少于6000株，更新均匀度应当不低于60%。择伐、渐伐迹地的更新质量，达到本办法第八条第二款、第四款规定的标准。

第十六条　未更新的旧采伐迹地、火烧迹地、林中空地、水湿地等宜林荒山荒地，应当由森林经营单位制定规划，限期完成更新造林。

第十七条　人工更新和造林应当执行林业部发布的有关造林规程，做到适地适树、细致整地、良种壮苗、密度合理、精心栽植、适时抚育。在立地条件好的地方，应当培育速生丰产林。

第十八条　森林更新后，核发林木采伐许可证的部门应当组织更新单位对更新面积和质量进行检查验收，核发更新验收合格证。

第四章　罚　则

第十九条　有下列行为之一的，依照森林法第三十九条和森林法实施条例的有关规定处罚：

（一）国营企业事业单位和集体所有制单位未取得林木采伐许可证，擅自采伐林木的，或者年木材产量超过采伐许可证规定数量5%的；

（二）国营企业事业单位不按批准的采伐设计文件进行采伐作业的面积占批准的作业面积5%以上的；

集体所有制单位按照林木采伐许可证的规定进行采伐时，不符合采伐质量要求的作业面积占批准的作业面积5%以上的；

（三）个人未取得林木采伐许可证，擅自采伐林木的，或者违反林木采伐许可证规定的采伐数量、地点、方式、树种，采伐的林木超过半立方米的。

第二十条　盗伐、滥伐林木数量较大，不便计算补种株数的，可按盗伐、滥伐木材数量折算面积，并根据森林法第三十九条规定的处罚原则，责令限期营造相应面积的新林。

第二十一条　无证采伐或者超过林木采伐许可证规定数量的木材，应当从下年度木材生产计划或者采伐指标中扣除。

第二十二条　国营企业事业单位和集体所有制单位有下列行

为之一,自检查之日起 1 个月内未纠正的,发放林木采伐许可证的部门有权收缴林木采伐许可证,中止其采伐,直到纠正为止:

(一) 未按规定清理伐区的;

(二) 在采伐迹地上遗弃木材,每公顷超过半立方米的;

(三) 对容易引起水土冲刷的集材主道,未采取防护措施的。

第二十三条　采伐林木的单位和个人违反本办法第十四条、第十五条规定的,依照森林法第四十五条和森林法实施条例的有关规定处理。

第二十四条　采伐林木的单位违反本办法有关规定的,对其主要负责人和直接责任人员,由所在单位或者上级主管机关给予行政处分。

第二十五条　对国营企业事业单位所处罚款,从其自有资金或预算包干结余经费中开支。

第五章　附　则

第二十六条　本办法由林业部负责解释。

第二十七条　本办法自发布之日起施行。

附 录

最高人民法院关于审理破坏森林资源刑事案件具体应用法律若干问题的解释

法释〔2000〕36号

中华人民共和国最高人民法院公告

《最高人民法院关于审理破坏森林资源刑事案件具体应用法律若干问题的解释》已于2000年11月17日由最高人民法院审判委员会第1141次会议通过,现予公布,自2000年12月11日起施行。

二○○○年十一月二十二日

为依法惩处破坏森林资源的犯罪活动,根据刑法的有关规定,现就审理这类案件具体应用法律的若干问题解释如下:

第一条 刑法第三百四十四条规定的"珍贵树木",包括由省级以上林业主管部门或者其他部门确定的具有重大历史纪念意义、科学研究价值或者年代久远的古树名木,国家禁止、限制出口的珍贵树木以及列入国家重点保护野生植物名录的树木。

第二条 具有下列情形之一的,属于非法采伐、毁坏珍贵树

木行为"情节严重":

（一）非法采伐珍贵树木二株以上或者毁坏珍贵树木致使珍贵树木死亡三株以上的；

（二）非法采伐珍贵树木二立方米以上的；

（三）为首组织、策划、指挥非法采伐或者毁坏珍贵树木的；

（四）其他情节严重的情形。

第三条 以非法占有为目的，具有下列情形之一，数量较大的，依照刑法第三百四十五条第一款的规定，以盗伐林木罪定罪处罚：

（一）擅自砍伐国家、集体、他人所有或者他人承包经营管理的森林或者其他林木的；

（二）擅自砍伐本单位或者本人承包经营管理的森林或者其他林木的；

（三）在森木采伐许可证规定的地点以外采伐国家、集体、他人所有或者他人承包经营管理的森林或者其他林木的。

第四条 盗伐林木"数量较大"，以二至五立方米或者幼树一百至二百株为起点；盗伐林木"数量巨大"，以二十至五十立方米或者幼树一千至二千株为起点；盗伐林木"数量特别巨大"，以一百至二百立方米或者幼树五千至一万株为起点。

第五条 违反森林法的规定，具有下列情形之一，数量较大的，依照刑法第三百四十五条第二款的规定，以滥伐林木罪定罪处罚：

（一）未经林业行政主管部门及法律规定的其他主管部门批准并核发林木采伐许可证，或者虽持有林木采伐许可证，但违反林木采伐许可证规定的时间、数量、树种或者方式，任意采伐本单位所有或者本人所有的森林或者其他林木的；

（二）超过林木采伐许可证规定的数量采伐他人所有的森林或

者其他林木的。

林木权属争议一方在林木权属确权之前，擅自砍伐森林或者其他林木，数量较大的，以滥伐林木罪论处。

第六条 滥伐林木"数量较大"，以十至二十立方米或者幼树五百至一千株为起点；滥伐林木"数量巨大"，以五十至一百立方米或者幼树二千五百至五千株为起点。

第七条 对于一年内多次盗伐、滥伐少量林木未经处罚的，累计其盗伐、滥伐林木的数量，构成犯罪的，依法追究刑事责任。

第八条 盗伐、滥伐珍贵树木，同时触犯刑法第三百四十四条、第三百四十五条规定的，依照处罚较重的规定定罪处罚。

第九条 将国家、集体、他人所有并已经伐倒的树木窃为己有，以及偷砍他人房前屋后、自留地种植的零星树木，数额较大的，依照刑法第二百六十四条的规定，以盗窃罪定罪处罚。

第十条 刑法第三百四十五条规定的"非法收购明知是盗伐、滥伐的林木"中的"明知"，是指知道或者应当知道。具有下列情形之一的，可以视为应当知道，但是有证据证明确属被蒙骗的除外：

（一）在非法的木材交易场所或者销售单位收购木材的；

（二）收购以明显低于市场出售的木材的；价格

（三）收购违反规定出售的木材的。

第十一条 具有下列情形之一的，属于在林区非法收购盗伐、滥伐的林木"情节严重"：

（一）非法收购盗伐、滥伐的林木二十立方米以上或者幼树一千株以上的；

（二）非法收购盗伐、滥伐的珍贵树木二立方米以上或者五株以上的；

（三）滥发林木采伐许可证，导致珍贵树木被滥伐的；

（四）批准采伐国家禁止采伐的林木，情节恶劣的；

（五）其他情节严重的情形。

第十三条 对于伪造、变造、买卖林木采伐许可证、木材运输证件，森林、林木、林地权属证书，占用或者征用林地审核同意书、育林基金等缴费收据以及其他国家机关批准的林业证件构成犯罪的，依照刑法第二百八十条第一款的规定，以伪造、变造、买卖国家机关公文、证件罪定罪处罚。

对于买卖允许进出口证明书等经营许可证明，同时触犯刑法第二百二十五条、第二百八十条规定之罪的，依照处罚较重的规定定罪处罚。

第十四条 聚众哄抢林木五立方米以上的，属于聚众哄抢"数额较大"；聚众哄抢林木二十立方米以上的，属于聚众哄抢"数额巨大"，对首要分子和积极参加的，依照刑法第二百六十八条的规定，以聚众哄抢罪定罪处罚。

第十五条 非法实施采种、采脂、挖笋、掘根、剥树皮等行为，牟取经济利益数额较大的，依照刑法第二百六十四条的规定，以盗窃罪定罪处罚。同时构成其他犯罪的，依照处罚较重的规定定罪处罚。

第十六条 单位犯刑法第三百四十四条、第三百四十五条规定之罪，定罪量刑标准按照本解释的规定执行。

第十七条 本解释规定的林木数量以立木蓄积计算，计算方法为：原木材积除以该树种的出材率。

本解释所称"幼树"，是指胸径五厘米以下的树木。

滥伐林木的数量，应在伐区调查设计允许的误差额以上计算。

第十八条 盗伐、滥伐以生产竹材为主要目的的竹林的定罪量刑问题，有关省、自治区、直辖市高级人民法院可以参照上述规定的精神，规定本地区的具体标准，并报最高人民法院备案。

第十九条 各省、自治区、直辖市高级人民法院可以根据本地区的实际情况，在本解释第四条、第六条规定的数量幅度内，确定本地区执行的具体数量标准，并报最高人民法院备案。

最高人民法院关于审理破坏林地资源刑事案件具体应用法律若干问题的解释

法释〔2005〕15号
中华人民共和国最高人民法院公告

《最高人民法院关于审理破坏林地资源刑事案件具体应用法律若干问题的解释》已于2005年12月19日由最高人民法院审判委员会第1374次会议通过,现予公布,自2005年12月30日起施行。

二〇〇五年十二月二十六日

为依法惩治破坏林地资源犯罪活动,根据《中华人民共和国刑法》、《中华人民共和国刑法修正案(二)》及全国人民代表大会常务委员会《关于〈中华人民共和国刑法〉第二百二十八条、第三百四十二条、第四百一十条的解释》的有关规定,现就人民法院审理这类刑事案件具体应用法律的若干问题解释如下:

第一条 违反土地管理法规,非法占用林地,改变被占用林地用途,在非法占用的林地上实施建窑、建坟、建房、挖沙、采石、采矿、取土、种植农作物、堆放或排泄废弃物等行为或者进行其他非林业生产、建设,造成林地的原有植被或林业种植条件严重毁坏或者严重污染,并具有下列情形之一的,属于《中华人民共和国刑法修正案(二)》规定的"数量较大,造成林地大量毁坏",应当以非法占用农用地罪判处五年以下有期徒刑或者拘役，并处或者单处罚金：

（一）非法占用并毁坏防护林地、特种用途林地数量分别或者合计达到五亩以上；

（二）非法占用并毁坏其他林地数量达到十亩以上；

（三）非法占用并毁坏本条第（一）项、第（二）项规定的林地，数量分别达到相应规定的数量标准的百分之五十以上；

（四）非法占用并毁坏本条第（一）项、第（二）项规定的林地，其中一项数量达到相应规定的数量标准的百分之五十以上，且两项数量合计达到该项规定的数量标准。

第二条 国家机关工作人员徇私舞弊，违反土地管理法规，滥用职权，非法批准征用、占用林地，具有下列情形之一的，属于刑法第四百一十条规定的"情节严重"，应当以非法批准征用、占用土地罪判处三年以下有期徒刑或者拘役：

（一）非法批准征用、占用防护林地、特种用途林地数量分别或者合计达到十亩以上；

（二）非法批准征用、占用其他林地数量达到二十亩以上；

（三）非法批准征用、占用林地造成直接经济损失数额达到三十万元以上，或者造成本条第（一）项规定的林地数量分别或者合计达到五亩以上或者本条第（二）项规定的林地数量达到十亩以上毁坏。

第三条 实施本解释第二条规定的行为，具有下列情形之一的，属于刑法第四百一十条规定的"致使国家或者集体利益遭受特别重大损失"，应当以非法批准征用、占用土地罪判处三年以上七年以下有期徒刑：

（一）非法批准征用、占用防护林地、特种用途林地数量分别或者合计达到二十亩以上；

（二）非法批准征用、占用其他林地数量达到四十亩以上；

（三）非法批准征用、占用林地造成直接经济损失数额达到六十万元以上，或者造成本条第（一）项规定的林地数量分别或者合计达到十亩以上或者本条第（二）项规定的林地数量达到二十亩以上毁坏。

第四条 国家机关工作人员徇私舞弊，违反土地管理法规，非法低价出让国有林地使用权，具有下列情形之一的，属于刑法第四百一十条规定的"情节严重"，应当以非法低价出让国有土地使用权罪判处三年以下有期徒刑或者拘役：

（一）林地数量合计达到三十亩以上，并且出让价额低于国家规定的最低价额标准的百分之六十；

（二）造成国有资产流失价额达到三十万元以上。

第五条 实施本解释第四条规定的行为，造成国有资产流失价额达到六十万元以上的，属于刑法第四百一十条规定的"致使国家和集体利益遭受特别重大损失"，应当以非法低价出让国有土地使用权罪判处三年以上七年以下有期徒刑。

第六条 单位实施破坏林地资源犯罪的，依照本解释规定的相关定罪量刑标准执行。

第七条 多次实施本解释规定的行为依法应当追诉且未经处理的，应当按照累计的数量、数额处罚。

商品林采伐限额结转管理办法

国家林业局关于印发《商品林采伐限额结转管理办法》的通知

林资发〔2011〕267号

各省、自治区、直辖市林业厅（局），内蒙古、吉林、龙江、大兴安岭森工（林业）集团公司，新疆生产建设兵团林业局，国家林业局监督办、各直属林业调查规划设计院、各派驻森林资源监督机构：

  为进一步完善商品林采伐限额管理制度，深化集体林权制度配套改革，促进森林科学经营和合理利用，根据《国务院批转林业局关于全国"十二五"期间年森林采伐限额审核意见的通知》（国发〔2011〕3号）关于商品林采伐限额节余可以结转使用的规定，我局制定了《商品林采伐限额结转管理办法》，现印发你们，请结合本地实际，认真贯彻执行。

二〇一一年十一月二十三日

  第一条 为进一步完善商品林采伐限额管理制度，深化集体林权制度配套改革，促进森林科学经营和合理利用，规范商品林采伐限额结转管理，根据有关政策规定，制定本办法。

  第二条 商品林采伐限额结转的申请主体为编制森林采伐限额（以下简称"编限"）单位，非编限单位不得作为主体申请结转。

第三条 商品林采伐限额结转限于限额执行期内。当年有节余需结转的编限单位，应当在次年3月底前提出申请；逾期未提出申请的视为放弃。

第四条 商品林采伐限额结转应当本着申请自愿、情况真实、程序规范、管理严格、公开透明的原则，按以下规定提出申请：

（一）以县为总体编限单位的，由县级林业主管部门提出申请，按隶属关系逐级上报到省级林业主管部门；

（二）单独编限的国有森林经营单位按隶属关系逐级上报到省级林业主管部门；

（三）东北、内蒙古重点国有林区编限单位，由所在省级林业（森工）主管部门汇总核实后向国家林业局提出申请；

（四）其他编限单位商品林采伐限额结转的申请程序，由省级林业主管门规定。

第五条 申请商品林采伐限额结转使用，应当提交以下材料：

（一）商品林采伐限额结转申请报告。内容包括：商品林采伐限额执行情况，结转使用商品林采伐限额的数量、类型、申请理由、保障措施等；

（二）其他证明商品林采伐限额确有节余的相关材料。

第六条 林业主管部门收到商品林采伐限额结转使用申请后，应当及时对申请材料进行审核，必要时进行实地核验，对符合要求的予以批复。

实地核验办法参照国家林业局《商品林采伐限额执行情况检查方案》（资用字〔2003〕20号）的规定执行。

经批准结转使用的采伐限额，由申请主体所在地林业主管部门在当地进行公示。

第七条 有以下情形之一的编限单位，不得批准结转：

（一）申请材料失实和弄虚作假的；

（二）申请结转采伐限额数量大于实际节余采伐限额数量的；

（三）发生乱砍滥伐、乱占林地、毁林开垦等破坏森林资源重大案件的；

（四）在有关森林资源核查、检查中，发现突出问题的。

第八条 商品林采伐限额结转后的使用管理按国家相关的法规和政策执行。

除天然林采伐限额可以用于人工林采伐、森林主伐限额可以用于商品林抚育采伐和其他采伐外，其余采伐限额结转前后结构类型应当保持一致。

第九条 地方各级林业主管部门应当加强对商品林采伐限额结转使用的监督管理，加大核查检查力度。发现弄虚作假、不按规定使用结转采伐限额、造成超限额采伐或者森林资源破坏的，应当及时制止，并依法追究相关责任人员的责任。

国家林业局各派驻森林资源监督机构应当加强对商品林采伐限额结转使用的监督检查。

第十条 森林经营单位和林业主管部门应当建立商品林采伐限额结转管理档案。

第十一条 省级林业主管部门应当将本辖区商品林采伐限额结转使用统计结果和相关情况，于次年5月底前报国家林业局，同时抄送国家林业局派驻森林资源监督机构。

第十二条 省级林业主管部门可以根据本办法规定，结合实际制定具体的实施办法。

第十三条 本办法自印发之日起施行。

第五条　检查内容

（一）中央财政森林抚育补贴试点任务分解下达情况

1. 省（自治区、直辖市、森工集团公司，以下简称省）森林抚育补贴试点年度任务分解下达情况。以省为单位自上而下逐级核对森林抚育补贴试点年度任务总量和分解下达情况。

2. 县级（林场、林业局，以下简称县）森林抚育补贴试点作业设计编制情况。依据《中幼龄林抚育补贴试点作业设计规定》以及省级森林抚育补贴试点实施方案，对县级森林抚育补贴试点作业设计进行检查。重点检查作业设计是否与省级森林抚育补贴试点实施方案紧密衔接，是否经上级林业主管部门审核批准并备案；作业设计内容和格式是否符合有关要求等。

（二）抚育作业实施情况

1. 任务完成情况。重点核实抚育面积完成情况，是否存在虚报、多报以及重复上报抚育面积问题等。

2. 抚育作业质量。重点检查是否存在因不按作业设计施工，出现超证采伐、越界采伐、乱砍滥伐、采好留坏以及开林窗等问题；是否存在擅自变更小班作业位置、改变抚育对象、改变抚育方式等问题；是否存在其他违规行为等。

3. 抚育采伐许可证的核发及管理情况等。

（三）组织管理情况

1. 是否成立森林抚育补贴试点工作领导小组。

2. 项目审批、公示制度和程序是否依法合规。

3. 是否组织相关人员进行技术和管理培训。

4. 是否按规定建立森林抚育补贴试点管理档案。

5. 是否开展省级核查验收。

（四）成效监测情况

1. 成效监测任务是否已经落实到科技支撑单位，省级成效评估结果是否按要求报国家林业局。

2. 是否根据不同森林类型、抚育措施、区域分布等情况，选择确定森林抚育监测点，科学布设对照监测样地（以下简称"对照样地"）。

3. 是否在抚育后一年内以及第三、第五年定期对森林生长、森林结构、森林健康、林下植被、森林碳汇变化等进行调查。

4. 是否对森林抚育补贴试点的经济、社会效益进行全面的定量统计和定性分析。

5. 是否建立森林抚育补贴试点成效监测档案，是否做到档案资料完备齐全，图表、数据和影像资料一一对应。注：2009年度任务只检查成效监测基准数据。

第六条 准备工作

（一）技术准备：组织检查验收人员学习《国家林业局关于印发〈森林抚育补贴试点管理办法〉和〈中幼龄林抚育补贴试点作业设计规定〉的通知》（林造发〔2010〕20号）、《森林抚育技术规程》（GB/T 15781—2009）、《森林采伐更新管理办法》等有关法律、法规及相关规定，开展好技术培训。

（二）资料设备准备

1. 检查验收调查表和统计表及电子文档。

2. 便携式电脑、GPS定位仪、测绳、围尺等设备。

3. 受检县级单位地形图（1∶5万或1∶1万）或带有准确坐标网格的小班作业图纸。

第二章　技术标准

第七条　标准依据

（一）《森林抚育规程》（GB/T 15781—2009）。

（二）《森林资源规划设计调查技术规程》（DB23/T 1250—2008）。

（三）《生态公益林建设技术规程》（GB/T 18337.3—2001）。

（四）《森林采伐作业规程》（LY/T 1646—2005）。

（五）《低效林改造技术规程》（LY/T1690—2007）。

（六）省级森林经营技术规程（标准）等。

第八条　主要检查因子

（一）小班检查因子

1. 实测面积：指现地实测的小班面积。

2. 平均胸径：指实测标准样地推算的小班伐前、伐后平均胸径。抚育小班林分平均胸径不得低于伐前林分平均胸径。

3. 树种组成：指实测标准样地推算的小班主要树种株数或蓄积比例。

4. 小班株数：指实测标准样地推算的小班抚育前株数。

5. 郁闭度：指实测标准样地推算的小班抚育后郁闭度。

（二）对照样地调查因子

1. 对照样地面积：对照样地实测面积。

2. 树种径级株数：不同树种各径级的株数。

3. 树种径级蓄积：不同树种各径级的蓄积。

4. 郁闭度：同上。

第九条　抚育方式及要求

（一）抚育间伐

1. 透光伐：在林分的幼龄林阶段、开始郁闭后进行的抚育采伐。间密留均、留优去劣，调整林分组成，为保留木留出适宜的营养空间。天然林抚育采伐后郁闭度不低于 0.6，人工林郁闭度不低于 0.7。

2. 生态疏伐：在特用林和防护林的中龄林中进行。按照有利于林冠形成梯级郁闭、主林层和次林层立木都能受光的要求，将林木分为优良木、有益木盒伐除木。保留优良木、有益木和适量的灌木；对风景林的景观疏伐，按《生态公益林件建设 技术规程》（GB/ T18337.3—2001）中的 5.2.1.2.4 条规定执行。

3. 生长伐：在中龄林阶段进行的抚育采伐。伐除生长过密、生长不良和影响目标树生长发育的林木，进一步调整树种组成与林分密度，加速保留木生长，缩短工艺成熟期，提高林分质量和经济效益。抚育后郁闭度应保留在 0.6—0.7，飞播林伐后郁闭度控制在 0.7—0.8。

4. 卫生伐：在遭受自然灾害的森林中进行，选择性地伐除已被危害、丧失培育前途的林木。抚育后林分郁闭度保持在 0.6 以上。

（二）人工修枝

在中幼龄林阶段进行，主要适用于天然整枝不良的林木。要求幼龄林阶段修枝高度不超过树高 1/3，中龄林阶段修枝高度不超过树高的 1/2。

（三）割灌

在下木生长旺盛、与林木生长争水争肥严重的中幼龄林中进行。采取机割、人割等不同方式，清除妨碍树木生长的灌木、藤条和杂草。

第十条 小班作业质量合格的条件

（一）主要调查因子准确无误。

（二）抽检小班无作业设计图、改变作业地点、改变抚育方式、越界采伐、无证采伐、禁伐区采伐、作业设计未经批准已作业的为否定因子，满足其一即为不合格小班。

其他详见《抚育间伐小班作业质量综合评价表》、《修枝割灌小班作业质量综合评价表》。

第十一条 抚育作业设计合格的条件

（一）由具有林业调查规划设计资质的单位完成的抚育作业设计，内容符合森林抚育补贴试点实施方案和森林采伐更新的有关规定。

（二）主要调查因子准确无误。

（三）抚育措施和抚育对象符合有关技术规定的要求。

（四）作业设计的内容和格式符合有关要求，图表数据完备且一一对应。

（五）抚育作业设计档案管理规范。

其他详见《抚育作业设计质量综合评价表》。

第十二条 对照样地的合格条件

（一）对照样地的布设具有典型代表性，能真实反映抚育成效。

（二）对照样地的调查因子准确无误。

第三章 检查验收方法

第十三条 听取汇报

（一）受检单位在森林抚育补贴试点方面的政策、实施方案、作业设计等执行情况以及制定的管理办法。

（二）受检单位执行森林抚育补贴试点方案、组织管理、抚育技术等方面的经验和做法以及存在的问题。

（三）受检单位对森林抚育补贴试点的意见和建议。

第十四条 查阅和收集资料

（一）省级资料

1. 森林抚育补贴试点任务分解下达的文件。

2. 省级森林抚育补贴试点实施方案。

3. 省级成效监测实施方案。

4. 制定出台的相关政策、规定等。

5. 省级核查验收报告和有关材料、省级成效监测结果和有关档案资料。

6. 全省主要树种（组）根径材积表、一元或二元立木材积表、树种出材率表等。

7. 省级森林抚育补贴试点汇报材料。

（二）县级资料

1. 县级自查报告及相关说明。

2. 县级森林抚育补贴试点作业设计和有关材料。

3. 森林抚育补贴试点施工作业合同，补贴资金支付使用情况的说明及相关票据或凭证。

4. 最新森林资源调查数据和森林资源统计表和档案。

5. 森林资源分布图和林相图。

6. 抚育试点在促进农林增收、调整产业结构、创造就业机会等方面的量化数据和典型资料。

7. 森林抚育补贴试点采伐许可证发放情况及说明。

第十五条 检查样本的组织和确定

检查采取按类型抽样的方法，以省为单位，依次确定县级单位和受检小班，具体方法如下：

（一）省级样本

省级试点单位抽查率为100％。

（二）县级样本

县级样本的检查包括对省级核查验收情况的复查和国家检查验收抽查两部分内容（以下简称"复查"和"抽查"），这两部分采用相同的检查验收方法。

1. 受检县个数的确定：

按照县级单位个数15％—25％确定受检县，具体计算方法如下：

①县级单位个数不超过12个的，抽取25％。

②县级单位个数超过12个的，抽取15％。

③县级单位个数超过30个的，抽取12％（以上均四舍五入取整）。

复查受检县个数占受检县总数的30—50％。

2. 受检县的确定：由国家林业局森林经营业务主管部门确定各省县级样本的起始号和间隔号，按复查和抽查分别抽取，具体方法：

复查：将省级核查验收过的受检县按上报面积从大到小排序（任务相同的按行政顺序排序），按照起始号和间隔号循环抽取（遇死循环，可从下一县重新开始抽取，间隔号不变），直至满足复查受检县个数。

抽查：将省级核查验收未检查到的受检县按上报面积从大到小排序（任务相同的按行政顺序排序），进行循环抽取（遇死循环，可从下一县重新开始抽取，间隔号不变），直至满足复查受检县个数。

如果省级检查验收未检查到的受检县个数不能满足抽查所需县的个数，则可在小班抽样中进一步区分。

3. 受检县检查面积的确定：根据受检县上报面积的 1%—10% 确定检查面积，具体计算方法如下：

①受检县上报面积 1000—5000 亩，检查 10%。

②受检县上报面积 5001—10000 亩，检查 5%。

③受检县上报面积 10001—20000 亩，检查 3%。

④受检县上报面积 20001—35000 亩，检查 2.5%。

⑤受检县上报面积 35001—45000 亩，检查 2%。

⑥受检县上报面积 45000—55000 亩，检查 1.5%。

⑦受检县上报面积 55000 亩以上，检查 1%（以上均四舍五入取整）。

（三）受检小班

将受检县小班按上报面积从大到小排序，根据起始号、间隔号循环抽取受检小班（遇死循环，可从下一小班重新开始抽取，间隔号不变），直至实抽面积满足受检县应查面积（相差±10%以内）。每个县受检小班不应少于 3 个。

当复查和抽查受检县同为一个县，则按照复查小班和抽查小班分别抽样，具体方法同上。

（四）受检对照样地

根据省级对照样地，每种作业方式抽取一个样地进行检查，每个省级单位不低于两个。

第十六条　外业调查

外业调查对象为抽查县所抽中的森林抚育试点受检小班和部分对照区监测样地。检查时应携带伐区调查作业设计和伐区作业质量检查验收单等资料。

（一）小班调查

1. 面积检查：采用 GPS 控制点与地形图（或作业设计图）调绘相结合的方法求算面积，当实测面积与设计面积相差≦±5%时，认可小班上报面积，否则以实测面积为准。

具体方法和要求：

当小班全部以山脊、沟壑、河流、道路等明显地物为边界时，经与作业设计核对后，可在明显地物处设置 1 个 GPS 控制点。

当小班部分以山脊、沟壑、河流、道路等明显地物为边界时，其余边界用 GPS 实地测量，且 GPS 控制点不少于三个。

小班无明显地物边界的，按照小班面积设置 GPS 控制点，要求 GPS 点能够精确反映小班面积和空间位置，正确反映小班基本轮廓形状。

1—100 亩小班设置 4 个及以上 GPS 控制点。

100—500 亩小班设置 5 个及以上 GPS 控制点。

500 亩以上小班设置 6 个及以上 GPS 控制点（以上均四舍五入取整）。

2. 样地布设和检查：采用实测样地的方法推算小班检查因子，根据小班作业情况布设面积为 $1000m^2$ 的样地，75 亩以下（含 75 亩）小班设置 1 个样地，75 亩以上小班按照面积的 2%确定样地个数（四舍五入），最多不超过 5 个样地。

检查人员应根据小班作业设计图纸事先确定好样地的基本位置，到作业区后，选择有代表性的地段布设样地，按照小班调查表测量和记录样地内各项调查因子，并记录样地中心点 GPS 定位数据。

（二）对照样地调查

1. 面积检查：采用 GPS 控制点与地形图（或作业设计图）调

绘相结合的方法求算面积，当实测面积与设计面积相差≤±5%时，认可设计面积，否则以实测面积为准。

2. 主要因子的检查：实测对照样地，按不同树种进行每木检尺，并填写《对照样地调查表》。

3. 对照样地的定位：用GPS定位对照样地，每个对照样地至少设置4个定位控制点，并填写《小班边界/样地GPS点（公里网格）记录表》。

（三）其他要求

外业调查如遇洪水冲路、塌方等特殊原因无法检查小班时，应先查其他小班，待道路通行后再查；确实无法进入检查的，请县级林业主管部门提交书面报告和相关证明（盖公章），检查验收小组应及时上报备案，并另行抽取面积相近的小班进行检查。

第十七条 内业工作

（一）检查验收阶段

1. 要求当天完成检查小班检查因子的计算和数据填表工作，每个县外业检查验收完成后，检查组应安排在受检县完成内业数据处理工作，并建立检查验收外业调查电子文档。

2. 检查组组长负责组织收集整理各类资料、表格、图件，避免遗漏调查数据和资料，做好成果汇总的前期准备工作，检查组完成受检县检查任务后，应向受检县就检查验收情况进行意见反馈。

（二）成果汇总阶段

1. 认真梳理检查验收阶段的外业调查资料，按照省、县、乡、小班建立层级分明的检查验收资料档案。

2. 建立和完善电子文档，做到小班、图形、数据、表格一一对应。

3. 根据外业调查数据、收集的资料，提炼汇总检查验收中发现的突出问题，值得推广借鉴的经验和做法，意见和建议等。

第四章　检查验收成果

第十八条　提交成果

检查成果包括省级森林抚育补贴试点年度检查验收报告。具体内容包括，检查验收工作开展情况、抚育任务完成情况、抚育作业质量、抚育试点的组织管理情况、抚育采伐限额执行情况；森林抚育补贴试点的生态、经济、社会效益等，并总结各地在森林抚育补贴试点的主要经验、存在的问题、以及意见和建议等。

第五章　附　则

第十九条　本办法主要适用于国家林业局对各试点省份、森工集团公司森林抚育补贴试点项目的抽查工作。本办法由国家林业局负责解释

第二十条　本办法自公布之日起执行

第二十一条　附表

调查表1　抚育间伐小班调查表（略）

调查表2　修枝割灌小班调查表（略）

调查表3　对照样地调查表（略）

调查表4　小班（对照样地）边界/样地GPS点（公里网格）记录表（略）

调查表5　小班（对照样地）形状和样地布设示意图（略）

调查表6　抚育间伐小班作业质量综合评价表（略）

调查表7　修枝割灌小班作业质量综合评价表（略）

调查表8　对照样地布设情况评价表（略）

调查表9　抚育作业设计质量综合评价表（略）

调查表10　县级森林抚育补贴试点组织管理情况调查表（略）

调查表11　县级森林抚育补贴试点成效调查表（略）

统计表1　省（区、市、森工集团公司）县级抽样表（略）

统计表2　县（林业局、林场、市）小班抽样表（略）

统计表3　小班调查情况统计表（略）

统计表4　县（林业局、林场、市）检查工作量统计表（略）

统计表5　检查验收资料收集统计表（略）

统计表6　省（区、市、森工集团公司）年度森林抚育补贴试点检查验收综合评价表（略）

统计表7　县（林业局、林场、市）年度森林抚育补贴试点检查验收综合评价表（略）

附 录

国家林业局关于印发《森林抚育作业设计规定》和《森林抚育检查验收办法》的通知

林造发〔2014〕140号

各省、自治区、直辖市林业厅（局），内蒙古、龙江、大兴安岭森工（林业）集团公司，新疆生产建设兵团林业局，各计划单列市林业局：

　　为指导各地科学开展森林抚育，提高森林抚育质量，规范检查验收工作，在总结近年来森林抚育特别是中央财政森林抚育补贴工作的基础上，我局组织修订了《森林抚育作业设计规定》和《森林抚育检查验收办法》，现印发你们，请遵照执行。

　　附件：《森林抚育作业设计规定》、《森林抚育检查验收办法》

国家林业局

2014年9月29日

附件1：

森林抚育作业设计规定

第一章 总 则

第一条 为规范和加强森林抚育作业设计管理，提高作业设计质量，确保森林抚育成效，制定本规定。

第二条 森林抚育作业应当严格遵照森林抚育作业设计实施。中央财政补贴森林抚育作业设计执行本规定。

第三条 森林抚育作业设计应当由具备林业调查规划设计资质的单位或由县级林业主管部门及其授权的基层林业工作站编制。其中，中央财政补贴森林抚育作业设计应当由具备林业调查规划设计资质的单位编制。

第四条 编制森林抚育作业设计应当遵循下列技术标准，其最新修订版本（包括所有的修订单）适用于本文件。中央财政补贴森林抚育作业设计还应当符合国家林业局、财政部的有关政策和要求。

（一）《森林抚育规程》（GB/T 15781）；

（二）《森林资源规划设计调查技术规程》（GB/T 26424）；

（三）《森林采伐作业规程》（LY/T 1646）；

（四）地方森林抚育经营技术规程（标准）、实施细则等。

第五条 森林抚育作业设计应当遵循现场调查、现场设计的原则，坚持生态优先、维护生物多样性，以增强森林多种功能、提高林分质量为宗旨，在充分考虑森林培育目标和林分发育阶段的基础上，科学合理地确定抚育作业的内容和措施。

第六条 森林抚育作业设计的设计总体分别国有林区和集体

林区确定。国有林区以国有林业（企业）局、国有林场或经营区为设计总体，集体林区以县或乡、林场为设计总体，编制作业设计文件。作业设计以小班为基本单元，并满足施工作业要求。

第七条 森林抚育作业设计须经林业主管部门审批后方可实施。中央财政补贴森林抚育作业设计审批，集体林和国有林场的作业设计审批单位由各省级林业主管部门确定，审批单位批复的作业设计文件报省级林业主管部门备案；国有森工企业的森林抚育作业设计由森工（林业）集团公司森林经营主管部门负责审批。

审批单位批复森林抚育作业设计要以现地核实为基础，确保设计质量。省级林业主管部门和森工（林业）集团公司要加强对森林抚育作业设计审批工作的检查指导，加强对备案森林抚育作业设计的审查。

批准后的森林抚育作业设计，不得随意改动；确需改动的，须报原审批单位批准。

第二章 抚育对象和方式

第八条 除省级以上人民政府（含省级）明确规定不允许实施抚育的森林外，均可作为森林抚育对象。中央财政补贴森林抚育对象还应当符合国家林业局和财政部的有关规定。经济林、竹林和桉树等短轮伐期工业原料林暂不作为中央财政补贴的抚育对象。

第九条 森林抚育方式包括透光伐、疏伐、生长伐、卫生伐、补植、人工促进天然更新、修枝、割灌除草、浇水、施肥等。

设计森林抚育方式时，应当根据林分发育阶段、森林培育目标和森林生态系统生长发育与演替规律综合确定，使每一种或两种以上组合的抚育措施能够为实现森林发展目标产生正面效应，避免无效作业甚至产生负面影响。

修枝、浇水、施肥暂不单独作为中央财政补贴的森林抚育方式，应当与其他抚育方式结合、作为综合抚育措施之一。

第十条 采取抚育采伐方式的林分应当满足以下条件：

在幼龄林阶段，目的树种林木上方或侧上方严重遮阴，并妨碍目的树种高生长时，进行透光伐。透光伐应满足下述2个条件之一：（1）郁闭后目的树种受压制的林分；（2）上层林木已影响到下层目的树种林木正常生长发育的复层林，需伐除上层的干扰木时。

在幼龄林或中龄林阶段，同龄林的林分密度过大，超过当地依据不同立地条件编制的最优密度控制表时，进行疏伐。在没有最优密度控制表的地方，疏伐应满足下述2个条件之一：（1）郁闭度0.8以上的中龄林和幼龄林；（2）天然、飞播、人工直播等起源的第一个龄级，林分郁闭度0.7以上，林木间对光、空间等开始产生比较激烈的竞争。符合条件（2）的，可采用定株为主的疏伐。

在中龄林阶段，需要调整林分密度和树种组成，促进目标树或保留木径向生长时，依据本地不同立地条件的最优密度控制表或目标树最终保留密度（终伐密度）表，进行生长伐。在没有最优密度控制表或目标树终伐密度表的地方，生长伐应满足下述3个条件之一：（1）立地条件良好、郁闭度0.8以上，进行林木分类或分级后，目标树、辅助树或I级木、II级木株数分布均匀的林分；（2）复层林上层郁闭度0.7以上，下层目的树种株数较多、且分布均匀；（3）林木胸径连年生长量显著下降，枯死木、濒死木数量超过林木总数15%的林分。符合条件（3）的，应与补植同时进行。

发生检疫性林业有害生物，或遭受森林火灾、林业有害生物、风折雪压、干旱等自然灾害危害，且受害株数占林木总株数10%以上时，进行卫生伐。

抚育采伐按以下顺序确定保留木、采伐木：（1）没有进行林木分类或分级的幼龄林，保留木顺序为：目的树种林木、辅助树种林木；（2）实行林木分类的，保留木顺序为：目标树、辅助树、其他树；采伐木顺序为：干扰树、其它树（必要时）；（3）实行林木分级的，保留木顺序为：Ⅰ级木、Ⅱ级木、Ⅲ级木；采伐木顺序为：Ⅴ级木、Ⅳ级木、Ⅲ级木（必要时）。

第十一条 符合以下条件之一的，可进行补植。（1）人工林郁闭成林后的第一个龄级，目的树种、辅助树种的幼苗幼树保存率小于80%；（2）郁闭成林后的第二个龄级及以后各龄级，郁闭度小于0.5；（3）卫生伐后，郁闭度小于0.5的；（4）含有大于25平方米林中空地的；（5）立地条件良好、符合森林培育目标的目的树种株数少的有林地。符合条件（5）的，应结合生长伐进行补植。

第十二条 在以封育为主要经营措施的复层林或近熟林中，目的树种天然更新等级为中等以下、幼苗幼树株数占林分幼苗幼树总株数的50%以下，且依靠其自然生长发育难以达到成林标准的，进行人工促进天然更新。

第十三条 在林分郁闭前或者郁闭后，当灌草总覆盖度达80%以上，灌木杂草高度超过目的树种幼苗幼树并对其生长造成严重影响时，进行割灌除草。

一般情况下，只需割除目的树种幼苗幼树周边1米左右范围的灌木杂草，避免全面割灌除草，同时进行培埂、扩穴，以促进幼苗幼树的正常生长。

割灌除草必须结合当地实际，综合考虑防止水土流失、促进天然更新、保护生物多样性等原则，科学设计抚育方式和强度，保护珍稀物种，保留天然更新目的树种的幼苗和幼树，并在春夏季节作业。

第十四条 符合以下条件之一的用材林，可进行修枝。（1）珍贵树种或培育大径材的目标树；（2）高大且其枝条妨碍目标树生长的其他树。

第十五条 符合以下条件之一的，可进行浇水。（1）400毫米降水量以下地区的人工林；（2）400毫米降水量以上地区的人工林遭遇旱灾时。

第十六条 在用材林的幼龄林、短周期工业原料林或者珍贵树种用材林中，可进行施肥。

第十七条 针对情况复杂、单一抚育方式无法达到抚育目的的林分，可以实行森林抚育方式的配套组合，采取综合抚育措施，培育健康稳定的森林。

综合抚育措施应当同时实施，避免分头作业。

第十八条 抚育材及抚育作业剩余物的处置应当综合考虑有效利用、森林病虫害防治、森林防火、环境保护等要求，进行合理分类并采取运出、平铺，或者按一定间距均匀堆放等适当方式处理。

有条件时，可将抚育作业剩余物粉碎后堆放于目标树根部鱼鳞坑中。

对于抚育采伐受病虫害危害的林木、剩余物等，应当清理出林分，集中进行除害化处理。必要时，还应当对伐根进行适当处理。

第十九条 根据森林抚育作业要求，需要修建简易集材道、作业道、临时楞场、临时工棚等辅助设施的作业设计，按照《森林采伐作业规程》（LY/T 1646）执行。

森林抚育生产的小径材可人力集材的，不设计修筑简易集材道。

第二十条 西北、青藏高原地区具有特殊地域特点、生态脆弱地区的森林抚育作业设计，应当邀请有关方面专家事先对抚育方式和强度进行科学论证。

第三章 抚育质量控制指标

第二十一条 采取透光伐抚育后的林分应当达到以下要求：

（一）林分郁闭度不低于 0.6；

（二）在容易遭受风倒、雪压危害的地段，或第一次透光伐时，郁闭度降低不超过 0.2；

（三）更新层或演替层林木没有被上层林木严重遮阴；

（四）林分目的树种和辅助树种的林木株数所占林分总株数的比例不减少；

（五）林分目的树种平均胸径不低于采伐前平均胸径；

（六）林木株数不少于该森林类型、生长发育阶段、立地条件的最低保留株数。分森林类型、生长发育阶段、立地条件的最低保留株数由各省确定；

（七）林木分布均匀，不造成林窗、林中空地等。

第二十二条 采取疏伐抚育后的林分应当达到以下要求：

（一）林分郁闭度不低于 0.6；

（二）在容易遭受风倒、雪压危害的地段，或第一次疏伐时，郁闭度降低不超过 0.2；

（三）林分目的树种和辅助树种的林木株数所占林分总株数的

比例不减少;

（四）林分目的树种平均胸径不低于采伐前平均胸径;

（五）林木分布均匀，不造成林窗、林中空地等;

（六）保留株数满足本规定第二十一条（六）的规定。

第二十三条 采取生长伐抚育后的林分应当达到以下要求：

（一）林分郁闭度不低于0.6;

（二）在容易遭受风倒、雪压危害的地段，或第一次生长伐时，郁闭度降低不超过0.2;

（三）林分目标树数量，或Ⅰ级木、Ⅱ级木数量不减少;

（四）林分平均胸径不低于采伐前平均胸径;

（五）林木分布均匀，不造成林窗、林中空地等。对于天然林，如果出现林窗或林中空地则应进行补植;

（六）保留株数满足本规定第二十一条（六）的规定。

第二十四条 采取卫生伐抚育后的林分应当达到以下要求：

（一）没有受林业检疫性有害生物及林业补充检疫性有害生物危害的林木;

（二）蛀干类有虫株率在20%（含）以下;

（三）感病指数在50（含）以下。感病指数按《造林技术规程》（GB/T 15776）的规定执行;

（四）除非严重受灾，采伐后郁闭度应保持在0.5以上。采伐后郁闭度在0.5以下，或出现林窗的，应进行补植。

第二十五条 采伐剩余物处理应当达到以下要求：

（一）伐后应及时将可利用的木材运出林分，并清理采伐剩余物。采伐剩余物可采取运出，或平铺在林内，或按一定间距均匀堆放在林内等方式处理;有条件时，可粉碎后堆放于目标树根部鱼鳞坑中。坡度较大情况下，可在目标树根部做反坡向的水肥坑

（鱼鳞坑）并将采伐剩余物适当切碎堆埋于坑内。

（二）对于抚育采伐感染林业检疫性有害生物及林业补充检疫性有害生物的林木、剩余物等，应全部清理出林分，集中烧毁，或集中深埋。

第二十六条 采取补植抚育后的林分应当达到以下要求：

（一）补植树种应选择能与现有树种互利生长或相容生长、并且其幼树具备从林下生长到主林层的基本耐阴能力的目的树种。对于人工用材林纯林，应选择材质好、生长快、经济价值高的树种；对于天然用材林，应优先补植材质好、经济价值高、生长周期长的珍贵树种或乡土树种；对于防护林，应选择能在林冠下生长、防护性能良好并能与主林层形成复层混交的树种。

（二）用材林和防护林经过补植后，林分内的目的树种或目标树株数不低于每公顷450株，分布均匀，并且整个林分中没有半径大于主林层平均高1/2的林窗；

（三）不损害林分中原有的幼苗幼树；

（四）尽量不破坏原有的林下植被，尽可能减少对土壤的扰动；

（五）补植点应配置在林窗、林中空地、林隙等处；

（六）成活率应达到85%以上，三年保存率应达80%以上。

第二十七条 采取人工促进天然更新抚育后的林分应当达到以下要求：

（一）达到天然更新中等以上等级；

（二）目的树种幼苗幼树生长发育不受灌草干扰；

（三）目的树种幼苗幼树占幼苗幼树总株数的50%以上。

第二十八条 采取修枝抚育后的林分应当达到以下要求：

（一）修去枯死枝和树冠下部1—2轮活枝；

（二）幼龄林阶段修枝后保留冠长不低于树高的 2/3. 枝桩尽量修平，剪口不能伤害树干的韧皮部和木质部；

（三）中龄林阶段修枝后保留冠长不低于树高的 1/2. 枝桩尽量修平，剪口不能伤害树干的韧皮部和木质部。

第二十九条 采取割灌除草抚育后的林分应当达到以下要求：

（一）影响目的树种幼苗幼树生长的杂灌杂草和藤本植物全部割除；

（二）割灌除草施工应注重保护珍稀濒危树木、林窗处的幼树幼苗，以及林下有生长潜力的幼树幼苗。

第三十条 采取浇水抚育后的林分应当达到以下要求：

（一）浇水采用穴浇、喷灌、滴灌，尽可能避免漫灌；

（二）浇水后林木生长发育良好。

第三十一条 采取施肥抚育后的林分应当达到以下要求：

（一）追肥种类应为有机肥或复合肥；

（二）追肥施于林木根系集中分布区，不超出树冠覆盖范围，并用土盖实，避免流失；

（三）施肥应针对目的树种、目标树，或Ⅰ级木、Ⅱ级木、Ⅲ级木；

（四）应经过施肥试验，或进行测土配方施肥。

第四章 外业调查

第三十二条 以最新森林资源规划设计调查数据为基础，按照集中连片原则确定踏查范围。在实地踏查的基础上，合理确定抚育作业区，选择符合抚育条件的地块。

第三十三条 对符合抚育条件的地块开展外业调查。根据立地条件、林分起源、年龄、郁闭度、树种组成、抚育方式等确定作业小班边界，原则不上允许跨越经理小班，作业小班面积原则上不大于20公顷。

作业小班面积测量采用不小于万分之一比例尺的地形图（遥感影像图）调绘、GPS（卫星定位系统）绕测或罗盘仪导线等方式。对每个作业小班应当该实测3个GPS控制点并绘制到万分之一地形图上，并且至少要拍摄4张反映林分现实状况的数字照片备查。

第三十四条　外业调查采用标准地调查法。根据作业小班森林资源分布和生长发育状况典型或机械布设标准地，每个标准地面积为0.06—0.10公顷，标准地数量分别起源按照作业设计小班面积确定。人工林标准地总面积不小于作业设计小班面积的1%，天然林标准地总面积不小于作业设计小班面积的1.5%。每个小班应当至少设置一块标准地。外业调查时应当记录标准地中心GPS坐标。

第三十五条　标准地主要调查因子包括环境因子（地形、立地、土壤、植被等），林分因子（权属、林种、起源、郁闭度、平均年龄、平均胸径、平均树高、株数、蓄积量、树种组成、幼苗幼树、灾害情况等）。各林木树高、平均树高可采用实测或利用树高生长方程计算。标准地调查的格式、内容等要求详见附件样式六、七、八。

第五章　作业设计

第三十六条　作业设计包括下列内容：

（一）树种和林木分级与分类：采取目标树经营作业体系的作业设计，应当进行树种和林木分类，明确小班的目的树种、辅助树种、其它树种和目标树、辅助树、干扰树和其它树；采取常规人工林抚育作业体系的作业设计，应当进行林木分级，明确小班的Ⅰ级木、Ⅱ级木、Ⅲ级木、Ⅳ级木、Ⅴ级木。

（二）抚育方式：明确采取的具体抚育方式和作业措施等。对于透光伐、疏伐、生长伐、卫生伐等抚育方式，应当明确保留木、采伐木。

（三）抚育指标：包括抚育面积、（浇水）用水量、（施肥）肥料种类与数量、（割灌除草）除草面积、（定株）定株穴数或株数，平均胸径5厘米以上的间伐小班应当有抚育强度、采伐蓄积量、出材量等，以及相应的用工量、作业时间、费用概算等。各抚育指标应当落到小班。

（四）辅助设施：包括必要的水渠、作业道、集材道、临时楞场、临时工棚等。其中，作业道路应当通到每个作业小班；400毫米降水量以下地区，浇水（灌溉）设施应当覆盖作业小班。

作业设计的格式、内容等要求详见附件样式四、五。

第三十七条　抚育方式以作业小班为单位进行设计，简易作业道等辅助设施以作业区或林班为单位进行设计。

第三十八条　作业设计有关图件原则上采用电子绘图。

作业设计图应绘制其图纸坐标系，标注小班位置和地理坐标数据。根据林业制图规定，绘制小班边界，并注明林班号、小班号、目的树种、作业面积、郁闭度、抚育方式以及辅助设施等主要内容。图纸比例尺不小于1∶10000。没有1∶10000比例尺的地区，可采用1∶50000放大到1∶25000比例尺的地形图。

作业区位置示意图按照林业调查设计专题制图要求绘制，勾绘作业区范围，标注作业单位和作业区名称。

第三十九条　作业设计文件主要由作业设计说明书、调查设计表、作业设计图组成。

（一）作业设计说明书主要内容包括设计依据和原则、作业设计地区的基本情况、抚育技术措施、人工和物资需要量、设施的修建、费用测算，以及抚育作业施工进度安排等。

（二）调查设计表包括分别作业小班的现状调查表、抚育技术设计表、工程量表、投资概算表等。

（三）作业设计图包括抚育作业布局图、小班作业设计图等。

具体参照附件样式一、二、三和样式九、十。

第四十条 承担森林抚育作业设计的单位应当将作业设计文件按以下顺序汇编成册：作业设计封面、设计资质证书复印件（或林业主管部门法人证书复印件、林业主管部门授权书复印件）、设计单位与设计人员、作业设计说明书、森林抚育作业设计汇总表、森林抚育作业设计一览表、森林抚育小班外业调查表、森林抚育小班标准地每木调查表、森林抚育小班标准地每木调查汇总表、作业区位置示意图、作业设计图。

第六章　作业设计档案

第四十一条 抚育任务承担单位应当将调查资料、作业设计文件、审批文件等资料归档并永久保存。

第四十二条 抚育任务承担单位应当建立森林抚育作业设计电子档案，所有抚育作业设计文件均实行纸质材料和电子文件双项归档，作业设计汇总表和作业设计一览表同时保存原始电子表格，有条件的单位还应当保存原始制图数据和文件。

第七章　附　则

第四十三条 作业设计编制、审批实行责任追究制度。承担抚育调查、设计、审批等工作的单位和个人必须严格遵守本规定及职业操守,在实地调查的基础上如实填报数据、科学设计抚育措施、严格审核把关,并在调查表、设计文件、审批文件上签名确认。对违反本规定的单位和个人将依法依规追究责任。

第四十四条 其他森林抚育作业设计参照本规定执行。省级林业主管部门可以依据本规定并结合辖区实际制定实施细则。

第四十五条 本规定由国家林业局负责解释。

第四十六条 本规定自发布之日起实施。2012年8月3日印发的《森林抚育作业设计规定》(林造发〔2012〕191号)同时废止。

附:样式一至样式十(略)

附件2:

森林抚育检查验收办法

第一章 总 则

第一条 为科学规范森林抚育检查验收工作,客观评价森林抚育政策实施成效,促进森林抚育作业质量提高,根据国家有关规定和技术规程,制定本办法。

第二条 本办法适用于中央财政森林抚育补贴检查验收工作。其他森林抚育作业检查验收可参照本办法执行。

第三条 森林抚育检查验收实行县级自查、省级核查验收和国家级抽查三级管理。

第四条 森林抚育检查验收工作应当遵循以下原则:

(一)分级组织、专业实施。国家林业局负责组织开展国家级抽查;承担森林抚育任务的省级单位(省、自治区、直辖市、森工(林业)集团、生产建设兵团、计划单列市,下同)、县级单位(县、国有林场、团场、林业局等,下同)林业主管部门分别负责组织开展省级核查验收、县级自查工作。检查验收工作由具有林业相关资质的专业机构和技术人员承担。

(二)突出重点、注重实效。森林抚育检查验收工作以现地检查为基础,内业检查与外业检查相结合,重点检查核实作业面积、作业设计质量和作业施工质量,同时检查了解森林抚育补贴政策执行情况,全面反映森林抚育成效。

(三)严格规范、责任到人。森林抚育检查验收及其组织、管理必须严格按照统一的规定程序和技术标准实施。检查人员必须严格遵守职业操守、检查核查工作规定和廉政纪律,实行"谁检查、谁签字、谁负责",客观、公平、公正评价森林抚育质量和效果。

第五条 下列文件是森林抚育检查验收的主要技术依据,其最新修订版本(包括所有的修订单)适用于本文件。

(一)《森林抚育规程》(GB/T 15781);

(二)《森林抚育作业设计规定》;

(三)《森林资源规划设计调查技术规程》(GB/T 26424);

(四)《森林采伐作业规程》(LY/T 1646);

(五)地方森林经营技术规程(标准)、实施细则等。

第二章 县级自查

第六条 县级自查包括外业检查和内业检查。外业检查必须对全部抚育作业小班逐一进行现场检查。

第七条 县级自查应当采取抚育作业小班完成一个、检查一个的要求,加强抚育作业中间管理,及时发现问题,及时整改。

第八条 承担抚育任务的单位或个人（林场、集体经济组织、个人等森林经营主体）在完成抚育作业任务后，向县级林业主管部门提出申请，由县级林业主管部门组织林业相关专业机构进行现场检查。

第三章 省级核查验收

第九条 省级核查验收由省级林业主管部门根据县级单位的核查验收申请和自查报告，会同本级财政部门组织具有相关资质的林业专业机构和技术人员实施。

第十条 省级核查验收人员应具备以下条件：

（一）能坚持公平、公正原则，廉洁自律、恪守职责。

（二）取得中级以上（含中级）专业技术职称，且有2年以上（含2年）从事森林抚育经营工作的经历。

（三）熟练掌握森林抚育有关技术标准、规定和规范，熟悉森林抚育各个工序和环节的操作要领。

（四）熟悉森林抚育质量监督管理制度办法，能够运用有关标准对抚育质量进行准确评定。

第十一条 省级核查验收应当按照本办法规定的原则和方法、结合本辖区实际情况，以实地检查为基础，对县级自查结果进行检查核实，客观评价本省森林抚育质量。检查县级样本数应当不少于承担抚育任务县级单位总数的20%，检查抚育小班面积比例不低于全省计划任务量的2.5%。

第十二条 省级核查工作完成后形成省级核查验收报告。省级核查验收报告与县级自查报告一并构成拨付补贴资金的依据。经检查验收达到合格标准的，应当及时拨付补贴资金。对于未达到合格标准的，经整改并验收合格后拨付补贴资金。

第十三条 省级核查验收报告原则上应当于下达计划后次年 7 月 31 日前上报国家林业局、财政部。

第十四条 国家林业局委托大兴安岭林业集团公司对其所属森工企业按照以上要求进行省级核查验收。

第四章 国家级抽查

第十五条 国家林业局根据省级单位上报的省级核查验收报告，会同财政部开展国家级抽查工作。

第十六条 国家级抽查工作由国家林业局组织具有相关资质的林业专业机构和技术人员实施。国家级抽查工作人员应具备以下条件：

（一）能坚持公平、公正原则，廉洁自律、恪守职责。

（二）取得中级以上（含中级）专业技术职称，且有 3 年以上（含 3 年）从事森林抚育经营工作的经历。

（三）熟练掌握森林抚育有关技术标准、规定和规范，熟悉森林抚育的各个工序和环节的操作要领。

（四）熟悉森林抚育质量监督管理制度办法，能够运用有关标准对抚育质量进行准确评定。

第十七条 国家级抽查的样本组织按照下列方法确定：

（一）省级样本为承担森林抚育任务的全部省级单位。

（二）按照承担森林抚育补贴任务的县级单位总数的 10%—15%确定县级样本。

（三）县级样本中应当包括省级已核查和未核查的县级单位，其中已核查县级单位数量不少于省级已核查县级单位总数的 30%，至少抽查省级已核查的县级单位 1 个。

（四）县级样本分别天然林资源保护工程区（简称天保工程

区）和非天保工程区抽取。

1. 县级样本抽取比例：

（1）县级单位总数不超过30个的抽取15%；

（2）县级单位总数超过30个的抽取10%，最多不超过10个。

2. 按照国家林业局确定抽样起始号和间隔号，采用机械抽样法抽取县级样本。具体方法为：根据省级天保工程区和非天保工程区年度抚育任务权重，确定天保工程区县级单位和非天保工程区县级单位抽查数量。将天保工程区或非天保工程区县级单位按上报面积从大到小排序（任务相同的按行政区划顺序排序），按照起始号和间隔号循环抽取（遇重复县级单位，则抽取下一个县级单位，间隔号不变），直至满足县级样本数及组成要求。

3. 按照省级单位上报完成面积的1%—1.5%确定各省级单位抽查面积，依据县级样本完成面积权重，将各省级单位抽查面积分配到县级样本。如抽取县级样本完成面积总和小于省级单位抽查面积时，不再另行抽取县级样本，抽中的县级单位全查。

（五）按照国家林业局确定抽样起始号和间隔号，采用机械抽样法确定抽查小班样本（或乡镇、林场样本）。具体方法为：将受检县级单位小班（或乡镇、林场）按上报面积顺序排序，根据起始号、间隔号循环抽取受检小班（或乡镇、林场）（如遇重复小班，则抽取下一小班（或乡镇、林场），间隔号不变），直至实抽面积满足受检县级单位应查面积。受检县级单位检查小班数不少于3个，如属省级已核查的单位则其中至少应当包括2个省级核查的小班。

如因灾害等特殊情况无法对个别小班（或乡镇、林场）进行现地检查，应及时请示国家林业局同意后，另行抽取一个面积相同的小班（或乡镇、林场）进行抽查。

第十八条 国家林业局提前2个工作日以书面形式将抽查工作人员名单、到达和检查时间、受检县级单位名单通知受检省级单位。

第五章 检查内容及技术标准

第十九条 森林抚育检查的主要内容：

（一）作业面积。根据上报完成面积，通过现地核实确定其实际作业面积，通过质量检查评定其合格面积。核实面积是指现地核实确定的实际作业面积，包括合格面积和不合格面积；合格面积是指作业质量符合相关技术标准的核实面积。

（二）作业质量。重点检查是否按作业设计和技术规程作业，是否存在采大留小、采好留坏、应采未采、乱开天窗、无证采伐、超证采伐、越界采伐等问题。

（三）作业设计质量。重点检查作业设计中调查因子是否与现地相符，主要设计指标是否符合《森林抚育作业设计规定》的要求，抚育方式是否符合当前林分特点且正确反映实际需要，作业设计内容是否齐全、文本格式是否规范等。

（四）补贴政策落实情况，包括组织领导、作业设计审批、公示公告、合同管理、检查验收、业务培训、档案管理、政策兑现、监测标准地等。

第二十条 抚育对象应当符合财政部、国家林业局有关文件要求和相关技术规程的规定。

第二十一条 森林抚育方式包括透光伐、疏伐、生长伐、卫生伐、补植、人工促进天然更新、修枝、割灌除草、浇水、施肥等。采取综合抚育措施的，按照所采取各种抚育方式的标准进行检查。

第二十二条 森林抚育质量控制指标按《森林抚育作业设计规定》第三章的相关规定执行。

第二十三条 小班作业质量综合评价标准详见附表中的"间伐小班作业质量综合评价表"、"割灌除草小班作业质量综合评价表"、"综合抚育小班作业质量综合评价表"。小班作业质量综合评价满分为100分，评价得分85分（含）以上为合格。有下列情况之一的为不合格小班：

（一）作业地点与作业设计不符；

（二）抚育方式与作业设计不符；

（三）抚育对象错误；

（四）无林木采伐许可证采伐作业；

（五）主要控制指标不符合第二十二条规定。

第二十四条 抚育作业设计质量综合评价标准详见附表中的"抚育作业设计质量综合评价表"。作业设计质量综合评价满分为100分，综合评价85分（含）以上为合格。

第六章　检查验收的程序和方法

第二十五条 各级林业主管部门要制定检查验收工作方案，确保检查验收高效、规范开展。

第二十六条 各级林业主管部门、承担检查验收机构、受检单位要主动做好检查验收前期准备工作。

（一）组织检查人员培训。对承担检查验收的技术人员进行补贴政策、技术标准、工作纪律等方面的培训。

（二）组织确定检查样本。国家或省级林业主管部门确定县级受检单位，受检小班由检查工作组到达县级受检单位后按照检查验收工作方案现场抽取。检查样本不得提前公开。

（三）受检省级单位应当准备好以下资料备查：

1. 森林抚育任务分解下达文件；

2. 核查验收报告、汇报材料和有关档案资料等；

3. 省级核查县级单位小班一览表等相关资料；

4. 制定出台的技术规程、相关政策、规章制度等；

5. 主要树种（组）材积表、树种出材率表等。

（四）受检县级单位应当准备好以下资料备查：

1. 森林抚育任务分解下达文件；

2. 自查报告、工作总结等；

3. 自查合格小班一览表等相关资料；

4. 作业设计文本及批复文件；

5. 施工作业合同、公示公告等；

6. 抚育间伐所需的采伐许可证。

第二十七条　检查工作组开展检查验收的工作流程：

（一）听取受检单位关于森林抚育工作情况汇报，包括计划分解落实、任务完成、组织管理、政策措施、经验做法、存在问题、意见建议等。

（二）查阅、收集相关资料，并保存备查。

（三）开展外业调查。

（四）内业数据处理。

（五）向受检省、县级单位反馈检查发现的主要问题。

（六）汇总分析，撰写检查验收报告。

第二十八条　检查工作组外业调查的主要内容及方法：

（一）面积与作业地点核实。采用 GPS（卫星定位系统）定位作业小班地点。采用 1:10000 地形图调绘、GPS 实测或罗盘仪导线测量面积。实测作业面积与上报面积误差在 ±5% 之间时，认可小班上报面积,否则以实测作业面积作为核实面积。

(二)间伐小班调查。采用实测标准地的方法推算小班检查因子。

1. 标准地布设:根据小班作业情况,选择有代表性的地段布设面积为 0.06—0.1 公顷的标准地。小班面积 6.67 公顷以下的设置 1 个标准地,6.67—13.33 公顷设置 2 个标准地,13.33 公顷以上设置 3—5 个标准地。

2. 因子调查:测量并记录各项调查因子,填写附表中的标准地每木调查表,并记录标准地中心点 GPS 定位数据。

(三)割灌除草小班检查。检查影响目的树种生长的灌木、杂草是否割除,是否保护珍稀物种及有生长潜力的幼苗、幼树。

(四)补植检查。检查补植树种、补植株数、种植点配置、成活率等是否符合要求。

(五)人工促进天然更新检查。检查更新等级、幼苗幼树生长、目的树种株数比例等是否符合要求。

(六)修枝检查。检查修枝对象、修枝高度、修枝质量等是否符合要求,林分卫生条件是否得到明显改善。

(七)抚育剩余物处理检查。检查是否按照病虫害防治、森林防火等要求进行了场地处理,抚育剩余物是否分类运出或平铺、按一定间距均匀堆放。

第二十九条 检查工作组在外业工作结束后要及时开展内业工作,整理资料,汇总数据,填写附表中的森林抚育调查表,并按附表中评价表规定的标准对小班作业质量、作业设计质量等进行评价。

第三十条 检查验收工作组还要对受检县、省级单位进行综合评价。评价指标和方法参见相关附表。

第三十一条 检查验收工作中现场检查调查表和评价表要分册装订，存档备查。

第三十二条 任何单位和个人不得随意变更受检县级单位和受检小班。如因不可抗力导致受检单位或小班无法接受检查时，受检单位应向检查工作组及时提出书面申请，经检查工作组核实确认并报请上级林业主管部门同意后，可以另行抽取受检单位或小班进行检查。

第七章 检查验收成果分析及应用

第三十三条 检查验收要对森林抚育任务完成（面积核实率）、抚育作业质量（核实面积合格率）、抚育作业设计质量（作业设计质量合格率）等主要技术指标进行统计分析。主要指标和计算方法如下：

（一）面积核实率 = （Σ检查小班核实面积/Σ检查小班上报面积）×100%；

（二）核实面积合格率 = （Σ检查小班合格面积/Σ检查小班核实面积）×100%；

（三）作业设计质量合格率 = （Σ检查合格作业设计小班个数/Σ检查作业设计小班个数）×100%。

第三十四条 检查验收机构完成检查验收工作后要及时提交检查验收报告。检查验收报告的内容包括检查验收工作开展情况、检查结果、主要成绩和典型经验、发现问题及其原因分析、对策建议、相关图表数据等，并分级填写汇总附表中的统计表。其中，检查验收的主要指标要按照受检单位、权属、林种、布局、区域分别分析形成专项报告。

第三十五条 各级林业主管部门要按程序审定检查验收结果，

并在一定范围内通报。对存在问题突出的单位要发出整改通知，并要求限期整改到位。有关单位要认真落实整改，并及时反馈整改情况。

第八章 附 则

第三十六条 各级林业主管部门要加强对检查验收的管理，主动接受基层和社会的监督。承担检查验收的机构要加强工作制度建设，确保检查人员客观公正、认真负责地开展检查验收工作。受检单位要积极配合和支持，不得干扰或影响检查验收工作正常进行。对在检查验收工作中违反本办法，造成重大质量事故的单位和个人，按照国家有关规定追究其责任。

第三十七条 中央财政森林抚育补贴省级检查验收参照本办法执行，各省级单位可以依照本办法，结合实际制订实施细则。实施细则应当报送国家林业局备案。

第三十八条 本办法由国家林业局负责解释。

第三十九条 本办法自公布之日起执行。2012年5月20日印发的《森林抚育检查验收办法》（林造发〔2012〕136号）同时废止。

附表：（略）

国家林业局关于切实加强天保工程区森林抚育工作的指导意见

林天发〔2013〕6号

各有关省、自治区、直辖市林业厅（局），内蒙古、吉林、龙江、大兴安岭森工（林业）集团公司，新疆生产建设兵团林业局：

森林经营是现代林业建设的永恒主题，对提高森林质量、带动就业增收、转变林业发展方式、实现林业"双增"目标、促进绿色增长意义重大。森林抚育是森林经营的重要内容，天然林资源保护工程（以下简称天保工程）二期加大对森林抚育的投入力度，把加快提升森林质量放在更加突出的位置，旨在实现从单纯保护向保育并举转变。当前，在天保工程区开展的森林抚育工作在不同程度上还存在着重视不够、抚育措施不到位、借抚育之名行木材生产之实，以及抚育缺乏科学性反而造成破坏森林资源等问题。为了指导天保工程区更科学、更合理、更有效地开展森林抚育工作，现就切实加强天保工程区森林抚育工作提出以下指导意见。

一、深刻理解加强天保工程区森林抚育工作的重大意义

（一）加强森林抚育是林业落实科学发展观、转变增长方式的必然要求。科学开展森林抚育不仅能够提高森林的生长量，增加森林碳汇，而且可有效增进森林健康，增强林木抵抗自然灾害的能力，降低林业有害生物和森林火灾发生率，是林业落实科学发展观，实现由外延式增长向内涵式增长转变的重要举措。

（二）加强森林抚育是应对气候变化、实现林业发展战略目标

的迫切需要。实施森林抚育是林业发展方式的重大转变,是实现到 2020 年我国森林面积比 2005 年增加 4000 万公顷、森林蓄积比 2005 年增加 13 亿立方米奋斗目标,实现森林资源积极保护、合理开发利用,满足经济社会发展对林业多样化需求,积极应对气候变化的重要途径之一。

(三) 开展森林抚育也有利于促进就业、增加林区职工和林农收入。科学的森林抚育不仅使林分质量得到提高,也促进职工就业增收,特别是伐区剩余物的合理利用,为林下经济和家庭经济发展创造有利条件。

二、准确把握森林抚育工作的指导思想和基本原则

(四) 指导思想。以提高森林质量、促进森林生态系统健康发展、促进森林资源总量持续增长为宗旨,通过科学开展森林抚育经营,使林分结构更加合理、林木个体和林分整体健康水平明显提高,目标树种的优势度上升,林分的水平结构和空间结构趋于合理,目标树的竞争压力减少,保留木的竞争关系得到进一步改善,树种多样性得到更好的保护和促进。

(五) 基本原则。一是促进生长原则。要根据林分状况,通过抚育,实现调整树种组成,调整林分密度,提高森林质量,促进森林健康生长。二是因地制宜、注重成效的原则。要根据各地的实际,把交通条件好、立地条件好、生长好的林分优先抚育,优质林分优先抚育,通过科学合理的抚育措施,以点带面推动整体。

三、进一步明确天保工程区森林抚育的对象和要求

根据《天然林资源保护工程二期实施方案》、现行的《森林抚育规程》国家标准,以及《财政部、国家林业局关于森林抚育补贴试点工作的意见》、国家林业局印发的《森林抚育补贴试点管理办法》、《森林抚育作业设计规定》等有关要求,切实发挥抚育

对森林培育质量的促进作用，提高资金使用效率，明确抚育技术要求。

（六）森林抚育对象。国家二三级公益林、省级公益林和商品林中的中幼龄林为抚育对象。在非抚育对象中，森林病虫害、森林火灾等灾害木清理和母树林、种子园经营等特殊情况下经批准的除外。

（七）森林抚育基本要求。一是优先安排林木过密和病虫害较重的林分抚育。二是优先安排幼龄林透光抚育。三是优先安排人工林抚育。四是优先安排已经冠下造林或者目的天然幼树较多的林分抚育。五是优先安排风景林抚育。六是要开展抚育成效监测与评估，各工程实施单位省要根据森林的不同类型、抚育措施、区域分布情况，按照相同的林分类型设定作业区和对照区监测样地，依托省、市级科技支撑单位，对森林生长、结构变化、健康程度、林下植被、碳汇变化、生态效益、社会效益进行监测评估。七是要建立健全信息档案。天保工程区森林抚育的实施单位，要建立健全制度，落实专人对计划下达、作业设计、施工作业、验收结算、财务管理、成效监测、示范区建设、职工就业增收等文件图表实行电子数字化管理。

四、强化天保工程区森林抚育管理的有效机制

（八）促使森工企业实现由以"木材生产为中心"向"以森林经营为中心"的转变。要加快国有林区和森工企业改革步伐，推进国有森林资源管理与企业生产经营分开，推进集团公司和管理局管理机构改革，尽快彻底解决依赖木材生产补贴"两级管理费"问题。

（九）科学组织森林抚育。县局级天保工程实施单位要根据本地区的森林资源实际和劳动力情况，科学、合理安排森林抚育工

作量。下达森林抚育任务要充分考虑森林经营单位的森林资源实际，以国有林场为单位，下达的抚育任务不得大于其现有中幼龄林应抚育的面积。为严格落实停伐、减产政策要求，切实减少天然林森林资源消耗，森林抚育必须在合理规划的前提下，严格执行天保工程二期实施方案关于公益林和商品林抚育对象和抚育措施的具体规定和要求，科学安排抚育作业伐区，认真执行抚育作业设计规程规范，确保抚育作业质量。要根据森林经营的目标和任务，科学测算年伐量和采伐限额，确保国务院批准的抚育采伐限额真正用于森林抚育，做到限额管理与森林经营有机衔接，切实提高森林经营水平。

（十）科学编制作业设计，严格审核批复手续。要严格执行森林抚育规程和相关政策规定，不得在国家一级公益林特别是自然保护区开展抚育经营，不得以商品林抚育作业标准对公益林进行抚育作业设计，不得以森林抚育为名提高抚育采伐强度，加大天然林资源消耗，严禁超限额采伐。各级林业主管部门要对森林抚育调查设计逐级抽查，对违反规定的作业设计不予批复。

（十一）加强生产作业监督管理，提高作业质量。实施单位要派出现场监理人员，严格按照作业设计要求对作业区进行现场监督，杜绝不合理采伐和作业不到位现象，确保作业质量达标。

（十二）加强检查验收管理，确保森林抚育成效。要严格执行县（局）级实施单位自查、省级复查和国家级抽查的三级检查验收制度，加强检查验收管理，确保森林抚育取得成效。驻天保工程省区森林资源监督机构要切实加强对森林抚育工作的监督检查，发现重大问题要及时督促处理并上报我局；驻东北、内蒙古重点国有林区的森林资源监督机构，要认真做好抚育采伐伐区的设计质量和作业质量的专项检查及林木采伐许可证核发工作。

（十三）加强森林抚育工作的组织管理。森林抚育的生产组织要实行合同制管理，以保障生产者的权益。签订合同时，要严格实行公开、公正、公平的原则。合同要明确抚育面积、范围、完成时间、费用标准、抚育要求等，确保生产作业人员的权益。

（十四）实行森林抚育公示制和森林抚育工作实名制。各森林抚育实施单位要对森林抚育计划任务分配进行公示，公示内容包括承包人、任务量、小班明细等内容；对具体抚育作业人员进行实名登记，内容包括作业人员的姓名、身份证号、所在作业组等信息。

（十五）强化森林抚育经营人才保障机制建设。要加大对各级管理人员的培训，特别是要加大对局、场两级管理人员的业务培训力度，使他们吃透政策，对不同的林分能够提出科学的森林抚育经营方式。要加大对作业设计人员的培训力度，使他们全面掌握森林抚育的基本理论和知识，熟知调查设计的各项工序，了解监测样地的基本内含，能够作出科学合理的作业设计。

（十六）建立激励制度，推动森林抚育工作健康发展。各级林业主管部门和实施单位要准确把握森林抚育实施情况，对在森林抚育工作中作出突出成绩的单位和个人，给予表彰和一定的物质奖励。要建立森林抚育任务调控制度，对森林抚育工作质量差、验收合格率低的单位，国家和省区市要在下年度计划中调减森林抚育资金。

五、加强组织领导，确保天保工程区森林抚育工作取得实效

（十七）加强组织领导，落实工作责任。森林抚育经营政策性强、涉及面广，时间紧、任务重、责任大。各级林业主管部门要切实加强领导，把森林抚育经营管理摆上重要议事日程。要层层签订责任状，明确目标任务，细化落实责任，确保组织领导到位、目标责任到位、工作落实到位、监管措施到位。要加强内部工作

统筹协调，努力构建既有内部职责分工，又有相互密切配合、共同推进工作的新机制。

（十八）建立科学完善的森林资源管理任期考核体系。林业是培育森林以利用其生态效益和经济效益的行业，森林经营理应是国有林业局和林场的"主业"。对国有林经营管理者的任期考核，不能仅考核上缴利润等经济指标，更要考核森林资源培育和增长指标。要建立起以森林资源保有量和增长量作为重点考核指标的林业局（场）长任期考核体系，使经营者真正把工作重心放在森林资源保护和培育上。

（十九）建立责任追究制度，增强责任感。实施单位对检查中出现的森林抚育质量不合格小班，要通过调查分析原因，对直接责任人和间接责任人进行责任追究。实施单位出现重大责任事故的，要追究实施单位领导的责任。

以上指导意见，请认真贯彻落实，并及时反馈情况。

国家林业局
2013 年 1 月 9 日

全国普法学习读本

保护森林法律法规学习读本

森林管理法律法规

加大全民普法力度，建设社会主义法治文化，树立宪法法律至上、法律面前人人平等的法治理念。
——中国共产党第十九次全国代表大会《决胜全面建成小康社会 夺取新时代中国特色社会主义伟大胜利》

王金锋 主编

汕头大学出版社

图书在版编目（CIP）数据

森林管理法律法规／王金锋主编. -- 汕头：汕头大学出版社，2023.4（重印）

（保护森林法律法规学习读本）

ISBN 978-7-5658-3515-5

Ⅰ.①森… Ⅱ.①王… Ⅲ.①森林法-中国-学习参考资料 Ⅳ.①D922.634

中国版本图书馆 CIP 数据核字（2018）第 035158 号

森林管理法律法规　　SENLIN GUANLI FALÜ FAGUI

主　　编：王金锋
责任编辑：邹　峰
责任技编：黄东生
封面设计：大华文苑
出版发行：汕头大学出版社
　　　　　广东省汕头市大学路 243 号汕头大学校园内　邮政编码：515063
电　　话：0754-82904613
印　　刷：三河市元兴印务有限公司
开　　本：690mm×960mm 1/16
印　　张：18
字　　数：226 千字
版　　次：2018 年 5 月第 1 版
印　　次：2023 年 4 月第 2 次印刷
定　　价：59.60 元（全 2 册）

ISBN 978-7-5658-3515-5

版权所有，翻版必究

如发现印装质量问题，请与承印厂联系退换

前　言

习近平总书记指出："推进全民守法，必须着力增强全民法治观念。要坚持把全民普法和守法作为依法治国的长期基础性工作，采取有力措施加强法制宣传教育。要坚持法治教育从娃娃抓起，把法治教育纳入国民教育体系和精神文明创建内容，由易到难、循序渐进不断增强青少年的规则意识。要健全公民和组织守法信用记录，完善守法诚信褒奖机制和违法失信行为惩戒机制，形成守法光荣、违法可耻的社会氛围，使遵法守法成为全体人民共同追求和自觉行动。"

中共中央、国务院曾经转发了中央宣传部、司法部关于在公民中开展法治宣传教育的规划，并发出通知，要求各地区各部门结合实际认真贯彻执行。通知指出，全民普法和守法是依法治国的长期基础性工作。深入开展法治宣传教育，是全面建成小康社会和新农村的重要保障。

普法规划指出：各地区各部门要根据实际需要，从不同群体的特点出发，因地制宜开展有特色的法治宣传教育坚持集中法治宣传教育与经常性法治宣传教育相结合，深化法律进机关、进乡村、进社区、进学校、进企业、进单位的"法律六进"主题活动，完善工作标准，建立长效机制。

特别是农业、农村和农民问题，始终是关系党和人民事业发展的全局性和根本性问题。党中央、国务院发布的《关于推进社会主义新农村建设的若干意见》中明确提出要"加强农村法制建设，深入开展农村普法教育，增强农民的法制观念，提高农民依法行使权利和履行义务的自觉性。"多年普法实践证明，普及法律知识，提高法制观念,增强全社会依法办事意识具有重要作用。特别是在广大农村进行普法教育,是提高全民法律素质的需要。

多年来,我国在农村实行的改革开放取得了极大成功,农村发生了翻天覆地的变化,广大农民生活水平大大得到了提高。但是,由于历史和社会等原因,现阶段我国一些地区农民文化素质还不高,不学法、不懂法、不守法现象虽然较原来有所改变,但仍有相当一部分群众的法制观念仍很淡化,不懂、不愿借助法律来保护自身权益,这就极易受到不法的侵害,或极易进行违法犯罪活动,严重阻碍了全面建成小康社会和新农村步伐。

为此,根据党和政府的指示精神以及普法规划,特别是根据广大农村农民的现状,在有关部门和专家的指导下,特别编辑了这套《全国普法学习读本》。主要包括了广大人民群众应知应懂、实际实用的法律法规。为了辅导学习,附录还收入了相应法律法规的条例准则、实施细则、解读解答、案例分析等;同时为了突出法律法规的实际实用特点,兼顾地方性和特殊性,附录还收入了部分某些地方性法律法规以及非法律法规的政策文件、管理制度、应用表格等内容,拓展了本书的知识范围,使法律法规更"接地气",便于读者学习掌握和实际应用。

在众多法律法规中,我们通过甄别,淘汰了废止的,精选了最新的、权威的和全面的。但有部分法律法规有些条款不适应当下情况了,却没有颁布新的,我们又不能擅自改动,只得保留原有条款,但附录却有相应的补充修改意见或通知等。众多法律法规根据不同内容和受众特点,经过归类组合,优化配套。整套普法读本非常全面系统,具有很强的学习性、实用性和指导性,非常适合用于广大农村和城乡普法学习教育与实践指导。总之,是全国全民普法的良好读本。

目 录

中华人民共和国森林法

第一章　总　则 …………………………………… (2)
第二章　森林经营管理 …………………………… (4)
第三章　森林保护 ………………………………… (6)
第四章　植树造林 ………………………………… (7)
第五章　森林采伐 ………………………………… (8)
第六章　法律责任 ………………………………… (11)
第七章　附　则 …………………………………… (13)

附　录

　占用征收征用林地审核审批管理办法 …………… (14)
　占用征收征用林地审核审批管理规范 …………… (18)
　林业有害生物防治补助费管理办法 ……………… (25)
　中央财政林业补助资金管理办法 ………………… (28)
　关于调整森林植被恢复费征收标准引导节约集约
　　利用林地的通知 ………………………………… (41)
　国家林业局派驻森林资源监督机构督查督办破坏
　　森林资源案件管理规定 ………………………… (45)
　国家林业局关于森林公安机关办理林业行政案件
　　有关问题的通知 ………………………………… (49)
　雨雪冰冻灾害受害林木清理指南 ………………… (51)

中华人民共和国森林法实施条例

第一章　总　则 …………………………………………（58）
第二章　森林经营管理 …………………………………（61）
第三章　森林保护 ………………………………………（63）
第四章　植树造林 ………………………………………（64）
第五章　森林采伐 ………………………………………（65）
第六章　法律责任 ………………………………………（68）
第七章　附　则 …………………………………………（70）
附　录

　　林业标准化管理办法 …………………………………（71）
　　国家林业局行政许可文书办理暂行规则 ……………（83）
　　北京市森林资源保护管理条例 ………………………（86）
　　森林资源监督工作管理办法 …………………………（96）
　　突发林业有害生物事件处置办法 ……………………（100）

天然林资源保护工程森林管护管理办法

第一章　总　则 …………………………………………（105）
第二章　组织管理 ………………………………………（106）
第三章　管护责任 ………………………………………（107）
第四章　监督管理 ………………………………………（108）
第五章　附　则 …………………………………………（109）

国家级公益林管理

国家级公益林区划界定办法 ……………………………（110）
国家级公益林管理办法 …………………………………（118）

目　录

造林质量管理暂行办法

第一章　总　则 …………………………………………（125）

第二章　计划管理 ………………………………………（126）

第三章　设计管理 ………………………………………（127）

第四章　种子管理 ………………………………………（128）

第五章　施工管理 ………………………………………（129）

第六章　抚育管护 ………………………………………（130）

第七章　工程项目管理 …………………………………（131）

第八章　检查验收管理 …………………………………（133）

第九章　信息档案管理 …………………………………（135）

第十章　奖惩管理 ………………………………………（135）

第十一章　附　则 ………………………………………（136）

中华人民共和国森林法

中华人民共和国主席令
第十八号

《全国人民代表大会常务委员会关于修改部分法律的决定》已由中华人民共和国第十一届全国人民代表大会常务委员会第十次会议于 2009 年 8 月 27 日通过，现予公布，自公布之日起施行。

中华人民共和国主席　胡锦涛
2009 年 8 月 27 日

（1984 年 9 月 20 日第六届全国人民代表大会常务委员会第七次会议通过；根据 1998 年 4 月 29 日《全国人民代表大会常务委员会关于修改〈中华人民共和国森林法〉的决定》修订；根据 2009 年 8 月 27 日《全国人民代表大会常务委员会关于修改部分法律的决定》修订）

第一章 总 则

第一条 为了保护、培育和合理利用森林资源，加快国土绿化，发挥森林蓄水保土、调节气候、改善环境和提供林产品的作用，适应社会主义建设和人民生活的需要，特制定本法。

第二条 在中华人民共和国领域内从事森林、林木的培育种植、采伐利用和森林、林木、林地的经营管理活动，都必须遵守本法。

第三条 森林资源属于国家所有，由法律规定属于集体所有的除外。

国家所有的和集体所有的森林、林木和林地，个人所有的林木和使用的林地，由县级以上地方人民政府登记造册，发放证书，确认所有权或者使用权。国务院可以授权国务院林业主管部门，对国务院确定的国家所有的重点林区的森林、林木和林地登记造册，发放证书，并通知有关地方人民政府。

森林、林木、林地的所有者和使用者的合法权益，受法律保护，任何单位和个人不得侵犯。

第四条 森林分为以下五类：

（一）防护林：以防护为主要目的的森林、林木和灌木丛，包括水源涵养林，水土保持林，防风固沙林，农田、牧场防护林，护岸林，护路林；

（二）用材林：以生产木材为主要目的的森林和林木，包括以生产竹材为主要目的的竹林；

（三）经济林：以生产果品，食用油料、饮料、调料，工业原料和药材等为主要目的的林木；

（四）薪炭林：以生产燃料为主要目的的林木；

（五）特种用途林：以国防、环境保护、科学实验等为主要目的的森林和林木，包括国防林、实验林、母树林、环境保护林、风景林，名胜古迹和革命纪念地的林木，自然保护区的森林。

第五条 林业建设实行以营林为基础，普遍护林，大力造林，采育结合，永续利用的方针。

第六条 国家鼓励林业科学研究，推广林业先进技术，提高林业科学技术水平。

第七条 国家保护林农的合法权益，依法减轻林农的负担，禁止向林农违法收费、罚款，禁止向林农进行摊派和强制集资。

国家保护承包造林的集体和个人的合法权益，任何单位和个人不得侵犯承包造林的集体和个人依法享有的林木所有权和其他合法权益。

第八条 国家对森林资源实行以下保护性措施：

（一）对森林实行限额采伐，鼓励植树造林、封山育林，扩大森林覆盖面积；

（二）根据国家和地方人民政府有关规定，对集体和个人造林、育林给予经济扶持或者长期贷款；

（三）提倡木材综合利用和节约使用木材，鼓励开发、利用木材代用品；

（四）征收育林费，专门用于造林育林；

（五）煤炭、造纸等部门，按照煤炭和木浆纸张等产品的产量提取一定数额的资金，专门用于营造坑木、造纸等用材林；

（六）建立林业基金制度。

国家设立森林生态效益补偿基金，用于提供生态效益的防护林和特种用途林的森林资源、林木的营造、抚育、保护和管理。森林生态效益补偿基金必须专款专用，不得挪作他用。具体办法由国务院规定。

第九条 国家和省、自治区人民政府，对民族自治地方的林业生产建设，依照国家对民族自治地方自治权的规定，在森林开发、木材分配和林业基金使用方面，给予比一般地区更多的自主权和经济利益。

第十条 国务院林业主管部门主管全国林业工作。县级以上地方人民政府林业主管部门，主管本地区的林业工作。乡级人民政府设专职或者兼职人员负责林业工作。

第十一条 植树造林、保护森林，是公民应尽的义务。各级人民政府应当组织全民义务植树，开展植树造林活动。

第十二条 在植树造林、保护森林、森林管理以及林业科学研究等方面成绩显著的单位或者个人，由各级人民政府给予奖励。

第二章 森林经营管理

第十三条 各级林业主管部门依照本法规定，对森林资源的保护、利用、更新，实行管理和监督。

第十四条 各级林业主管部门负责组织森林资源清查，建立资源档案制度，掌握资源变化情况。

第十五条 下列森林、林木、林地使用权可以依法转让，也可以依法作价入股或者作为合资、合作造林、经营林木的出资、合作条件，但不得将林地改为非林地：

（一）用材林、经济林、薪炭林；

（二）用材林、经济林、薪炭林的林地使用权；

（三）用材林、经济林、薪炭林的采伐迹地、火烧迹地的林地使用权；

（四）国务院规定的其他森林、林木和其他林地使用权。

依照前款规定转让、作价入股或者作为合资、合作造林、经营林木的出资、合作条件的，已经取得的林木采伐许可证可以同时转让，同时转让双方都必须遵守本法关于森林、林木采伐和更新造林的规定。

除本条第一款规定的情形外，其他森林、林木和其他林地使用权不得转让。

具体办法由国务院规定。

第十六条 各级人民政府应当制定林业长远规划。国有林业企业事业单位和自然保护区，应当根据林业长远规划，编制森林经营方案，报上级主管部门批准后实行。

林业主管部门应当指导农村集体经济组织和国有的农场、牧场、工矿企业等单位编制森林经营方案。

第十七条 单位之间发生的林木、林地所有权和使用权争议，由县级以上人民政府依法处理。

个人之间、个人与单位之间发生的林木所有权和林地使用权争议，由当地县级或者乡级人民政府依法处理。

当事人对人民政府的处理决定不服的，可以在接到通知之日起一个月内，向人民法院起诉。

在林木、林地权属争议解决以前，任何一方不得砍伐有争议的林木。

第十八条 进行勘查、开采矿藏和各项建设工程，应当不占或者少占林地；必须占用或者征收、征用林地的，经县级以上人民政府林业主管部门审核同意后，依照有关土地管理的法律、行政法规办理建设用地审批手续，并由用地单位依照国务院有关规定缴纳森林植被恢复费。森林植被恢复费专款专用，由林业主管部门依照有关规定统一安排植树造林，恢复森林植被，植树造林面积不得少于因占用、征收、征用林地而减少的森林植被面积。上级林业主管部门应当定期督促、检查下级林业主管部门组织植树造林、恢复森林植被的情况。

任何单位和个人不得挪用森林植被恢复费。县级以上人民政府审计机关应当加强对森林植被恢复费使用情况的监督。

第三章 森林保护

第十九条 地方各级人民政府应当组织有关部门建立护林组织，负责护林工作；根据实际需要在大面积林区增加护林设施，加强森林保护；督促有林的和林区的基层单位，订立护林公约，组织群众护林，划定护林责任区，配备专职或者兼职护林员。

护林员可以由县级或者乡级人民政府委任。护林员的主要职责是：巡护森林，制止破坏森林资源的行为。对造成森林资源破坏的，护林员有权要求当地有关部门处理。

第二十条 依照国家有关规定在林区设立的森林公安机关，负责维护辖区社会治安秩序，保护辖区内的森林资源，并可以依照本法规定，在国务院林业主管部门授权的范围内，代行本法第三十九条、第四十二条、第四十三条、第四十四条规定的行政处罚权。

武装森林警察部队执行国家赋予的预防和扑救森林火灾的任务。

第二十一条 地方各级人民政府应当切实做好森林火灾的预防和扑救工作：

（一）规定森林防火期，在森林防火期内，禁止在林区野外用火；因特殊情况需要用火的，必须经过县级人民政府或者县级人民政府授权的机关批准；

（二）在林区设置防火设施；

（三）发生森林火灾，必须立即组织当地军民和有关部门扑救；

（四）因扑救森林火灾负伤、致残、牺牲的，国家职工由所在单位给予医疗、抚恤；非国家职工由起火单位按照国务院有关主管部门的规定给予医疗、抚恤，起火单位对起火没有责任或者确实无力负担的，由当地人民政府给予医疗、抚恤。

第二十二条　各级林业主管部门负责组织森林病虫害防治工作。

林业主管部门负责规定林木种苗的检疫对象，划定疫区和保护区，对林木种苗进行检疫。

第二十三条　禁止毁林开垦和毁林采石、采砂、采土以及其他毁林行为。

禁止在幼林地和特种用途林内砍柴、放牧。

进入森林和森林边缘地区的人员，不得擅自移动或者损坏为林业服务的标志。

第二十四条　国务院林业主管部门和省、自治区、直辖市人民政府，应当在不同自然地带的典型森林生态地区、珍贵动物和植物生长繁殖的林区、天然热带雨林区和具有特殊保护价值的其他天然林区，划定自然保护区，加强保护管理。

自然保护区的管理办法，由国务院林业主管部门制定，报国务院批准施行。

对自然保护区以外的珍贵树木和林区内具有特殊价值的植物资源，应当认真保护；未经省、自治区、直辖市林业主管部门批准，不得采伐和采集。

第二十五条　林区内列为国家保护的野生动物，禁止猎捕；因特殊需要猎捕的，按照国家有关法规办理。

第四章　植树造林

第二十六条　各级人民政府应当制定植树造林规划，因地制宜地确定本地区提高森林覆盖率的奋斗目标。

各级人民政府应当组织各行各业和城乡居民完成植树造林规划确定的任务。

宜林荒山荒地，属于国家所有的，由林业主管部门和其他主管部门组织造林；属于集体所有的，由集体经济组织组织造林。

铁路公路两旁、江河两侧、湖泊水库周围，由各有关主管单位因地制宜地组织造林；工矿区，机关、学校用地，部队营区以及农场、牧场、渔场经营地区，由各该单位负责造林。

国家所有和集体所有的宜林荒山荒地可以由集体或者个人承包造林。

第二十七条 国有企业事业单位、机关、团体、部队营造的林木，由营造单位经营并按照国家规定支配林木收益。

集体所有制单位营造的林木，归该单位所有。

农村居民在房前屋后、自留地、自留山种植的林木，归个人所有。城镇居民和职工在自有房屋的庭院内种植的林木，归个人所有。

集体或者个人承包国家所有和集体所有的宜林荒山荒地造林的，承包后种植的林木归承包的集体或者个人所有；承包合同另有规定的，按照承包合同的规定执行。

第二十八条 新造幼林地和其他必须封山育林的地方，由当地人民政府组织封山育林。

第五章　森林采伐

第二十九条 国家根据用材林的消耗量低于生长量的原则，严格控制森林年采伐量。国家所有的森林和林木以国有林业企业事业单位、农场、厂矿为单位，集体所有的森林和林木、个人所有的林木以县为单位，制定年采伐限额，由省、自治区、直辖市林业主管部门汇总，经同级人民政府审核后，报国务院批准。

第三十条　国家制定统一的年度木材生产计划。年度木材生产计划不得超过批准的年采伐限额。计划管理的范围由国务院规定。

第三十一条　采伐森林和林木必须遵守下列规定：

（一）成熟的用材林应当根据不同情况，分别采取择伐、皆伐和渐伐方式，皆伐应当严格控制，并在采伐的当年或者次年内完成更新造林；

（二）防护林和特种用途林中的国防林、母树林、环境保护林、风景林，只准进行抚育和更新性质的采伐；

（三）特种用途林中的名胜古迹和革命纪念地的林木、自然保护区的森林，严禁采伐。

第三十二条　采伐林木必须申请采伐许可证，按许可证的规定进行采伐；农村居民采伐自留地和房前屋后个人所有的零星林木除外。

国有林业企业事业单位、机关、团体、部队、学校和其他国有企业事业单位采伐林木，由所在地县级以上林业主管部门依照有关规定审核发放采伐许可证。

铁路、公路的护路林和城镇林木的更新采伐，由有关主管部门依照有关规定审核发放采伐许可证。

农村集体经济组织采伐林木，由县级林业主管部门依照有关规定审核发放采伐许可证。

农村居民采伐自留山和个人承包集体的林木，由县级林业主管部门或者其委托的乡、镇人民政府依照有关规定审核发放采伐许可证。

采伐以生产竹材为主要目的的竹林，适用以上各款规定。

第三十三条 审核发放采伐许可证的部门,不得超过批准的年采伐限额发放采伐许可证。

第三十四条 国有林业企业事业单位申请采伐许可证时,必须提出伐区调查设计文件。其他单位申请采伐许可证时,必须提出有关采伐的目的、地点、林种、林况、面积、蓄积、方式和更新措施等内容的文件。

对伐区作业不符合规定的单位,发放采伐许可证的部门有权收缴采伐许可证,中止其采伐,直到纠正为止。

第三十五条 采伐林木的单位或者个人,必须按照采伐许可证规定的面积、株数、树种、期限完成更新造林任务,更新造林的面积和株数不得少于采伐的面积和株数。

第三十六条 林区木材的经营和监督管理办法,由国务院另行规定。

第三十七条 从林区运出木材,必须持有林业主管部门发给的运输证件,国家统一调拨的木材除外。

依法取得采伐许可证后,按照许可证的规定采伐的木材,从林区运出时,林业主管部门应当发给运输证件。

经省、自治区、直辖市人民政府批准,可以在林区设立木材检查站,负责检查木材运输。对未取得运输证件或者物资主管部门发给的调拨通知书运输木材的,木材检查站有权制止。

第三十八条 国家禁止、限制出口珍贵树木及其制品、衍生物。禁止、限制出口的珍贵树木及其制品、衍生物的名录和年度限制出口总量,由国务院林业主管部门会同国务院有关部门制定,报国务院批准。

出口前款规定限制出口的珍贵树木或者其制品、衍生物的,必须经出口人所在地省、自治区、直辖市人民政府林业主管部门审核,报国务院林业主管部门批准,海关凭国务院林业主管部门的批准文件放行。进出口的树木或者其制品、衍生物属于中国参加的国际公约限制进出口的濒危物种的，并必须向国家濒危物种进出口管理机构申请办理允许进出口证明书，海关并凭允许进出口证明书放行。

第六章　法律责任

第三十九条　盗伐森林或者其他林木的，依法赔偿损失；由林业主管部门责令补种盗伐株数十倍的树木，没收盗伐的林木或者变卖所得，并处盗伐林木价值三倍以上十倍以下的罚款。

滥伐森林或者其他林木，由林业主管部门责令补种滥伐株数五倍的树木，并处滥伐林木价值二倍以上五倍以下的罚款。

拒不补种树木或者补种不符合国家有关规定的，由林业主管部门代为补种，所需费用由违法者支付。

盗伐、滥伐森林或者其他林木，构成犯罪的，依法追究刑事责任。

第四十条　违反本法规定，非法采伐、毁坏珍贵树木的，依法追究刑事责任。

第四十一条　违反本法规定，超过批准的年采伐限额发放林木采伐许可证或者超越职权发放林木采伐许可证、木材运输证件、批准出口文件、允许进出口证明书的，由上一级人民政府林业主管部门责令纠正，对直接负责的主管人员和其他直接责任人员依法给予行政处分；有关人民政府林业主管部门未予纠正的，国务院林业主管部门可以直接处理；构成犯罪的，依法追究刑事责任。

第四十二条　违反本法规定，买卖林木采伐许可证、木材运输证件、批准出口文件、允许进出口证明书的，由林业主管部门没收违法买卖的证件、文件和违法所得，并处违法买卖证件、文件的价款一倍以上三倍以下的罚款；构成犯罪的，依法追究刑事责任。

伪造林木采伐许可证、木材运输证件、批准出口文件、允许进出口证明书的，依法追究刑事责任。

第四十三条 在林区非法收购明知是盗伐、滥伐的林木的，由林业主管部门责令停止违法行为，没收违法收购的盗伐、滥伐的林木或者变卖所得，可以并处违法收购林木的价款一倍以上三倍以下的罚款；构成犯罪的，依法追究刑事责任。

第四十四条 违反本法规定，进行开垦、采石、采砂、采土、采种、采脂和其他活动，致使森林、林木受到毁坏的，依法赔偿损失；由林业主管部门责令停止违法行为，补种毁坏株数一倍以上三倍以下的树木，可以处毁坏林木价值一倍以上五倍以下的罚款。

违反本法规定，在幼林地和特种用途林内砍柴、放牧致使森林、林木受到毁坏的，依法赔偿损失；由林业主管部门责令停止违法行为，补种毁坏株数一倍以上三倍以下的树木。

拒不补种树木或者补种不符合国家有关规定的，由林业主管部门代为补种，所需费用由违法者支付。

第四十五条 采伐林木的单位或者个人没有按照规定完成更新造林任务的，发放采伐许可证的部门有权不再发给采伐许可证，直到完成更新造林任务为止；情节严重的，可以由林业主管部门处以罚款，对直接责任人员由所在单位或者上级主管机关给予行政处分。

第四十六条 从事森林资源保护、林业监督管理工作的林业主管部门的工作人员和其他国家机关的有关工作人员滥用职权、玩忽职守、徇私舞弊，构成犯罪的，依法追究刑事责任；尚不构成犯罪的，依法给予行政处分。

第七章 附　则

第四十七条 国务院林业主管部门根据本法制定实施办法，报国务院批准施行。

第四十八条 民族自治地方不能全部适用本法规定的，自治机关可以根据本法的原则，结合民族自治地方的特点，制定变通或者补充规定，依照法定程序报省、自治区或者全国人民代表大会常务委员会批准施行。

第四十九条 本法自1985年1月1日起施行。

附　录

占用征收征用林地审核审批管理办法

中华人民共和国国家林业局令
第 2 号

《占用征用林地审核审批管理办法》，已于2001年11月2日国家林业局第3次局务会议通过，现予发布，自发布之日起施行。

国家林业局局长
二〇〇一年一月四日

第一条　为了规范占用、征收、征用林地的审核和审批，根据《中华人民共和国森林法》及其实施条例的规定，制定本办法。

第二条　本办法适用于下列情况：

（一）进行勘查、开采矿藏和各项建设工程（以下简称建设工程）需要占用或者征收、征用林地的审核；

（二）建设工程需要临时占用林地的审批；

（三）森林经营单位在所经营的林地范围内修筑直接为林业生产服务的工程设施需要占用林地的审批。

第三条　用地单位需要占用、征收、征用林地或者需要临时占用林地的,应当向县级人民政府林业主管部门提出占用或者征收、征用林地申请;需要占用或者临时占用国务院确定的国家所有的重点林区(以下简称重点林区)的林地,应当向国务院林业主管部门或者其委托的单位提出占用林地申请。

第四条 用地单位申请占用、征收、征用林地或者临时占用林地,应当填写《使用林地申请表》,同时提供下列材料:

(一)项目批准文件;

(二)被占用或者被征收、征用林地的权属证明材料;

(三)有资质的设计单位作出的项目使用林地可行性报告;

(四)与被占用或者被征收、征用林地的单位签订的林地、林木补偿费和安置补助费协议(临时占用林地安置补助费除外)。森林经营单位申请在所经营的林地范围内修筑直接为林业生产服务的工程设施占用林地的,应当提供前款(一)、(二)项规定的材料。

第五条 建设工程占用或者征收、征用林地的审核权限,按照森林法实施条例第十六条的规定执行。

第六条 建设工程需要临时占用林地的,必须遵守下列规定:

(一)临时占用防护林或者特种用途林林地面积5公顷以上,其他林地面积20公顷以上的,由国务院林业主管部门审批;

(二)临时占用防护林或者特种用途林林地面积5公顷以下,其他林地面积10公顷以上20公顷以下的,由省、自治区、直辖市人民政府林业主管部门审批;

(三)临时占用除防护林和特种用途林以外的其它林地面积2公顷以上10公顷以下的,由设区的市和自治州人民政府林业主管部门审批;

(四)临时占用除防护林和特种用途林以外的其它林地面积2公顷以下的,由县级人民政府林业主管部门审批。

第七条 森林经营单位在所经营的范围内修筑直接为林业生

产服务的工程设施需要占用林地的，应当遵守下列规定：

（一）国有森林经营单位需要占用林地的，由省、自治区、直辖市人民政府林业主管部门批准，其中国务院确定的国家所有的重点林区内国有森林经营单位需要占用林地的，由国务院林业主管部门或其委托的单位批准；

（二）其它森林经营单位需要占用林地的，由县级人民政府林业主管部门批准。

第八条 国务院林业主管部门委托的单位和县级人民政府林业主管部门在受理用地单位提交的用地申请后，应派出有资质的人员（不少于2人），进行用地现场查验，并填写《使用林地现场查验表》。

第九条 国务院林业主管部门委托的单位和县级人民政府林业主管部门对建设项目类型、林地地类、面积、权属、树种、林种和补偿标准进行初步审查同意后，应当在10个工作日内制定植树造林、恢复森林植被的措施。

第十条 按照规定需要报上一级人民政府林业主管部门审核或者审批的征收、征用或者占用林地申请，县级以上地方人民政府林业主管部门或者国务院林业主管部门委托的单位应当逐级在《使用林地申请表》上签署审查意见后，将全部材料报上一级人民政府林业主管部门审核或者审批。

第十一条 县级以上人民政府林业主管部门按照规定审核同意或者批准占用、征收、征用林地申请后，按照规定预收森林植被恢复费，并向用地单位发放《使用林地审核同意书》，同时将签署意见的《使用林地申请表》等材料退被占用、被征收、征用林地所在地的林业主管部门或者国务院林业主管部门委托的单位存档。

第十二条 对用地单位需要临时占用林地的申请，或者对森林经营单位在所经营的林地范围内修筑直接为林业生产服务的工程设施需要占用林地的申请,县级以上人民政府林业主管部门按照规定予以批准的,应当用文件形式批准。

第十三条 国务院林业主管部门委托的单位和县级以上地方人民政府林业主管部门对用地单位提出的申请,应当在收到申请或上报材料后,在15个工作日内提出审核或者审批意见。

第十四条 县级以上人民政府林业主管部门对用地单位提出的申请,经审核不予同意或者不予批准的,应当在《使用林地申请表》中明确记载不同意的理由,并将申请材料退还申请用地单位。

第十五条 县级以上人民政府林业主管部门应当建立占用、征收、征用林地审核和审批管理档案。

第十六条 省、自治区和直辖市人民政府林业主管部门应当在每年的第一季度,将上年度全省(自治区、直辖市)占用、征收、征用林地和临时占用林地,以及修筑直接为林业生产服务的工程设施占用林地的情况报告国务院林业主管部门。

第十七条 农村居民按照规定标准修建自用住宅需要占用林地的,应当以行政村为单位编制规划,落实地块,按照年度向县级人民政府林业主管部门提出申请,经过县级人民政府林业主管部门依法审查,在逐级报省、自治区和直辖市人民政府林业主管部门审核同意后,由行政村依照有关土地管理的法律、法规办理用地审批手续。

第十八条 《使用林地申请表》和《使用林地现场查验表》由国务院林业主管部门统一式样,省、自治区和直辖市人民政府林业主管部门统一印制。《使用林地审核同意书》由国务院林业主管部门统一印制。

第十九条 本办法由国家林业局负责解释。

第二十条 本办法自发布之日起施行。

占用征收征用林地审核审批管理规范

国家林业局关于印发《占用征收征用林地审核审批管理规范》的通知

林资发〔2003〕139号

各省、自治区、直辖市林业（农林）厅（局），内蒙古、吉林、龙江、大兴安岭森工（林业）集团公司，新疆生产建设兵团林业局，国家林业局派驻各森林资源监督机构，国家林业局直属各调查规划设计院：

为保护林地资源，加强占用征收征用林地审核审批管理，规范审核审批程序，明确审核审批内容和职责，根据《中华人民共和国森林法》、《中华人民共和国森林法实施条例》和《占用征收征用林地审核审批管理办法》等法律、法规的有关规定，我局制定了《占用征收征用林地审核审批管理规范》，现予印发，请遵照执行。

附件：《占用征收征用林地审核审批管理规范》

二〇〇三年八月十四日

一、建设项目确需占用征收征用林地的条件和范围

（一）国务院批准或同意的建设项目，国家和省级重点建设项目，国务院有关部门、国家计划单列企业、省级人民政府批准的国防、交通、能源、水利、农业、林业、矿山、科技、教育、通讯、广播电视、公检法、城镇等基础设施（以下简称基础设施）建设

项目，原则上可以占用征收征用（含临时占用，下同）各类林地。

（二）国务院有关部门、国家计划单列企业、省级人民政府批准的非基础设施建设项目，省级人民政府有关部门批准的基础设施建设项目，原则上可以占用征收征用除国家级自然保护区核心区和缓冲区、国家级森林公园和风景名胜区范围以外的林地。

（三）省级人民政府有关部门批准的非基础设施建设项目，省级以下（不含省级，下同）、县级以上（含县级，下同）人民政府及其有关部门批准的基础设施建设项目，原则上可以占用征收征用除国家级自然保护区、省级自然保护区核心区和缓冲区、国家和省级森林公园和风景名胜区范围以外的林地。

（四）省级以下、县级以上人民政府及其有关部门批准的非基础设施建设项目，原则上可以占用征收征用除国家和省级自然保护区、森林公园、风景名胜区（以下简称保护区）范围以外的用材林林地、经济林林地、薪炭林林地和农田防护林、护路林林地，以及县级以上人民政府规划的宜林地。

（五）经批准的乡镇企业、乡（镇）村公共设施、公益事业、农村村民住宅等乡（镇）村建设，原则上可以使用除保护区范围以外的农民集体所有的用材林林地、经济林林地、薪炭林林地和农田防护林、护路林林地，以及县级以上人民政府规划的宜林地。

（六）地方人民政府及其有关部门批准的采石、采沙、取土、基本农田建设等，原则上可以占用征收征用县级以上人民政府规划的宜林地；因对石质、沙质、土质有特殊要求的，原则上可以占用征收征用除保护区范围以外的用材林林地、经济林林地、薪炭林林地和农田防护林、护路林林地，以及县级以上人民政府规划的宜林地。

（七）其他特殊项目确需占用征收征用林地的，应将具体情况报国家林业局审查同意后，按规定权限办理占用征收征用林地审核审批手续。

二、占用征收征用林地的申报材料

（一）占用征收征用林地的建设单位法人证明。

建设单位或其法人代表变更的，要有变更证明。

（二）建设项目批件。

1、大中型建设项目，要有可行性研究报告批复和初步设计批复。水电建设项目，按有关规定将可行性研究报告和初步设计两阶段合并的，要有可行性研究报告批复。

2、小型建设项目，要有选址和用地规模的批准文件。

3、勘查、开采矿藏项目，要有勘查许可证、采矿许可证和其他相关批准文件。

4、因建设项目勘测设计需要临时占用林地的，要有建设项目可行性研究报告的批复。

5、森林经营单位在所经营的林地范围内修筑直接为林业生产服务的工程设施占用林地的，要有县级以上林业（森工）主管部门的批准文件。

（三）其他证明材料。

1、占用征收征用保护区范围内林地的，要提交有关保护区行政主管部门同意项目建设的证明材料。其中，占用征收征用国家级自然保护区、森林公园、风景名胜区林地的，要提交国务院有关行政主管部门同意的意见；占用征收征用省级自然保护区、森林公园、风景名胜区林地的，要提交省级有关行政主管部门同意的意见。

2、西部地区除关系国民经济全局和长远发展、对国家安全有重要影响的重大项目或有特殊规定的项目外，企业利用自有资金或国内银行贷款投资于国家非限制类产业的项目，需要政府平衡建设、经营条件的，要有项目建议书批复和符合本条对项目规定的证明材料。

（四）林地权属证明。

申请占用征收征用的林地，已发放林权证的，要提交林权证复印件；未发放林权证的，要提交县级以上人民政府出具的权属清楚的证明；有林权争议的，要提交县级以上人民政府依法处理的决定。

（五）补偿协议。

建设单位与被占用征收征用林地单位或个人签订的林地、林木补偿和安置补助协议。由县级以上地方人民政府统一制定补偿、补助方案的，要有该人民政府制定的方案。

（六）项目使用林地可行性报告。

符合国家林业局林资发〔2002〕237号文规定资质的设计单位作出的项目使用林地可行性报告。

（七）占用征收征用林地申请表。

建设单位申请占用征收征用林地时，填写的《占用征收征用林地申请表》。

占用国务院确定的国家所有的重点林区（以下简称重点林区）林地的，建设单位向被占用林地所在地的国有林业局申请；跨国有林业局经营区的，分别向各国有林业局申请。占用征收征用非重点林区林地的，建设单位向被占用征收征用林地所在地的县级林业主管部门申请；跨县级行政区的，分别向各县级林业主管部门申请。

三、占用征收征用林地审核审批的受理

（一）建设单位向县级林业主管部门或重点林区国有林业局申请后，县级林业主管部门或重点林区国有林业局应当严格核对申请材料的复印件与原件，凡二者一致的，在复印件上加盖县级林业主管部门或重点林区国有林业局印章后退回原件；不一致的，将申请材料退回；申请材料不齐全的，告知建设单位重新申请。

（二）县级林业主管部门或重点林区国有林业局确认申请材料

齐全、合格的，应当组织制定在当年或次年内恢复不少于被占用征收征用林地面积的森林植被措施。被占用征收征用林地所在地的林业主管部门或重点林区国有林业局不能按时按量恢复森林植被的，必须将不能按时按量恢复森林植被的说明材料与申请材料一同上报上级林业主管部门，由上级林业主管部门组织落实。恢复森林植被措施包括造林地点、面积、树种、林种和作业设计，以及森林资源保护管理措施等。

（三）占用征收征用非重点林区林地的，地方林业主管部门要组织力量对申请占用征收征用的林地进行现场查验，其中，占用征收征用林地面积2公顷以下的，由县级林业主管部门组织不少于2名有资质的工作人员进行现场查验；占用征收征用林地面积2公顷以上70公顷以下且未跨县级行政区的，由县级林业主管部门组织具有丙级以上资质的林业调查规划设计单位进行现场查验；占用征收征用林地跨行政区的，由所在地共同的林业主管部门组织乙级以上资质的林业调查规划设计单位进行现场查验。占用重点林区林地，在一个国有林业局经营区内的，由所在地国有林业局组织具有丙级以上资质的林业调查规划设计单位进行现场查验；在两个以上国有林业局经营区的，由所在地共同的林业（森工）主管部门组织具有乙级以上资质的林业调查规划设计单位到现场查验。占用征收征用林地面积70公顷以上的，由省级林业主管部门组织乙级以上资质的林业调查规划设计单位到现场查验。

（四）承担现场查验的人员或单位，查验后要按照规定向有关林业主管部门提交现场查验报告。报告要说明占用征收征用林地的面积、位置、地貌等基本情况，地类、权属、林分起源、林种、林木蓄积或竹林株数等森林资源现状，是否在保护区范围内，是否在实施森林生态效益补偿的防护林林地、特种用途林林地和实施天然林保护工程的范围内，是否有国家重点保护的野生动、植物资源和古树名木，是否存在先占地后办手续或擅自改变林地用途、采伐林木的行为。查验人员或单位要对报告的真实性负责，凡提交虚假现场查验报告的，要追究有关人员和领导的行政责任。

（五）林业主管部门应从受理占用征收征用林地的申请之日起15个工作日内提出具体明确的审查意见，留存一套申请材料后，报上一级林业主管部门。需组织制定恢复森林植被措施或现场查验的，林业主管部门应在25个工作日内将具体明确的审查意见与恢复森林植被措施和现场查验报告一并报上一级林业主管部门。

（六）占用征收征用林地应由国家林业局审核审批的，省级林业主管部门的审查意见要用正式文件上报，并附具一套申请材料和恢复森林植被措施、现场查验报告。

四、审核审批的管理

（一）根据建设项目批件，一个项目的全部占用征收征用林地，建设单位应当一次申请，不得分为若干段或若干个子项目进行申请；林业主管部门也不得分级、分次进行审核审批。临时占用林地的，按照审批权限分别办理临时占用林地审批手续。

（二）国务院批准或同意的建设项目，国家和省级重点建设项目，国务院有关部门、国家计划单列企业、省级人民政府及其有关部门批准的基础设施建设项目中控制工期的单体工程，如公路、铁路的桥梁、隧道，水利（电）枢纽的导流（渠）洞、进场道路和输电设施等，其占用征收征用林地申请材料齐全的，省级林业主管部门或国家林业局依据规定权限可以先行审核审批单体工程。整体项目申请时，附单体工程的批件，一次办理审核审批手续。

（三）对审核同意或批准的占用征收征用林地项目，建设单位依照国家有关规定缴纳森林植被恢复费后，负责审核审批的林业主管部门才能核发使用林地审核同意书或批准文件。县级以上林业主管部门或其主管负责人和其他直接责任人员，违规多收、减收、免收、缓收，或者隐瞒、截留、挪用、坐收坐支森林植被恢复费的，依照有关法律、行政法规的规定处罚；构成犯罪的，依法追究刑事责任。

（四）依照有关规定批准建设用地并兑现补偿、补助费后，林业主管部门才能依法办理林地移交、变更林权登记；同时有永久占用征收征用和临时占用林地的项目，批准永久用地并兑现补偿、补助费后，才能依法办理临时占地移交手续；需要采伐林木的，依法办理采伐林木手续。

县级以上林业主管部门违反规定审核审批林地的，要依法追究有关人员和领导的行政责任；构成犯罪的，依法追究刑事责任。县级以上地方林业主管部门对未被批准的建设用地，发放林木采伐许可证的，要追究发证人员和领导的行政责任；情节严重，致使森林资源遭受严重破坏，构成犯罪的，依法追究刑事责任。

（五）占用征收征用实施森林生态效益补偿的防护林林地、特种用途林林地和实施天然林保护工程的天然林林地的，有审核或审批权的林业主管部门应将审核同意书或批准文件抄送相关部门。

国家林业局审核同意或批准的占用征收征用林地项目，应将使用林地审核同意书或批准文件送省级林业主管部门，抄送国家林业局派驻的森林资源监督机构。县级以上林业主管部门和国家林业局派驻的森林资源监督机构要对占用征收征用林地实施情况进行监督检查。可以公开的占用征收征用林地项目，通过国家林业局网站向社会公布。

（六）林业主管部门对擅自改变林地用途的，依照《森林法实施条例》第四十三条的规定进行处理。对未经批准采伐林木的，依照《森林法实施条例》第三十八条、第三十九条的规定进行处理。经查处后，对确需占用征收征用林地的，依照有关规定和本通知的要求补办占用征收征用林地手续并附查处报告。

林业有害生物防治补助费管理办法

财政部　国家林业局
关于印发《林业有害生物防治补助费管理办法》的通知
财农〔2005〕44号

各省、自治区、直辖市、计划单列市财政厅（局）、林业厅（局），新疆生产建设兵团财务局、林业局，内蒙古森工集团，龙江森工集团：

为做好林业有害生物防治工作，规范和加强林业有害生物防治补助费管理，提高资金使用效益，根据财政部《财政农业专项资金管理规则》和《农业防灾减灾资金管理办法》，特制定《林业有害生物防治补助费管理办法》，现印发各地和有关单位执行。

2005年各地和有关单位申报林业有害生物防治补助费，一律按照《林业有害生物防治补助费管理办法》的规定执行。

中华人民共和国财政部
国家林业局
二〇〇五年五月二十五日

第一条　为做好林业有害生物防治工作，规范和加强林业有害生物防治补助费（以下简称"补助费"）管理，提高资金使用效益，根据财政部《财政农业专项资金管理规则》和《农业防灾减灾资金管理办法》，制定本办法。

第二条 本办法所指补助费是中央财政安排用于林业有害生物防治的专项经费。

第三条 林业有害生物是指危害森林、林木和林木种苗正常生长、造成灾害的病、虫、鼠（兔）和植物等。林业有害生物种类主要包括：松材线虫病、椰心叶甲、杨树蛀干害虫、红脂大小蠹、森林鼠（兔）、美国白蛾、萧氏松茎象、松毛虫、日本松干蚧、松突圆蚧、薇甘菊等。

林业有害生物防治是指对林业有害生物灾害的预防和除治。

第四条 补助费的安排使用应遵循以下原则：

（一）地方投入为主，中央补助为辅；

（二）优先治理危险性和潜在危害大的种类；

（三）突出生态区位，适当向经济欠发达地区倾斜；

（四）鼓励使用无公害防治措施。

第五条 补助费主要用于以下方面：

为防治林业有害生物，购置药剂、药械、工具的开支；除害处理的人工费补助；治理区发生检疫检验的材料费、小型器具费。

第六条 林业有害生物灾害发生时，省级财政部门会同林业主管部门，新疆生产建设兵团财务局会同林业局，联合向财政部和国家林业局上报补助费申请报告和防治预案。大兴安岭林业集团公司由国家林业局向财政部申请补助。

防治预案应包括以下内容：灾害名称、受灾面积、区域范围、严重程度、原因分析、防治措施、自行治理及自筹资金落实情况等。

第七条 国家林业局根据林业有害生物测报点监测预报的灾害情况，对各地和有关单位报送的防治预案进行审核，灾害严重，确实需要中央财政给予补助的，向财政部提出补助费分配建议。财政部对各地和有关单位报送的申请报告以及国家林业局提出的分配建议进行审核后,确定补助方案,按照预算级次下达补助费,并抄送国家林业局和省级林业主管部门。

第八条 补助费采用因素法进行分配。首先根据林业有害生物灾害危害面积等系数确定中央财政是否给予补助,当总评定系数大于或等于55时,再通过相关系数计算补助费的安排数额(详见附1、附2)。

第九条 根据中央财政安排的补助费数额,各地和有关单位可结合林业有害生物灾害发生情况,统筹安排资金。各级财政部门和林业主管部门要严格按照补助费使用范围安排使用资金,专款专用。购买列入政府采购目录的物品,按照有关规定实行政府采购。

第十条 国家机关及其工作人员以虚报、冒领等手段骗取补助费的,依照财政违法行为处罚处分条例及相关法律法规追究其行政责任和刑事责任。

截留、挤占、滞留、挪用补助费的单位和其直接负责的主管人员及其他直接责任人员,按照财政违法行为处罚处分条例及相关法律法规的规定给予行政处分。

第十一条 本办法自发布之日起实施,原财政部发布的《林业病虫害防治补助费管理规定》(财农〔2002〕69号)同时废止。

第十二条 各省(区、市)财政部门应根据本办法制定实施细则。

第十三条 本办法由财政部会同国家林业局负责解释。

中央财政林业补助资金管理办法

财政部　国家林业局
关于印发《中央财政林业补助资金管理办法》的通知
财农〔2014〕9号

各省、自治区、直辖市、计划单列市财政厅（局）、林业厅（局），新疆生产建设兵团财务局、林业局，内蒙古、龙江、大兴安岭森工（林业）集团公司，解放军总后勤部财务部、基建营房部：

　　为深化改革，加强规范中央财政林业补助资金使用和管理，提高资金使用效益，财政部、国家林业局联合制定了《中央财政林业补助资金管理办法》（以下简称《办法》）。现将《办法》印发给你们，并就有关事项通知如下：

　　一、在2014年至2015年林业贷款贴息补贴政策调整过渡期间，2014年中央财政对以前年度累计贷款余额及2013年10月1日至2014年4月30日期间的新增林业贷款贴息，2015年中央财政对以前年度累计贷款余额及2014年5月1日至2014年12月31日期间的新增林业贷款贴息。自2016年起，中央财政均对以前年度累计贷款余额及上一年度1月1日至12月31日的新增林业贷款贴息。

　　二、执行中有何问题，请及时反馈财政部、国家林业局。

财政部
国家林业局
2014年4月30日

第一章 总 则

第一条 为深化改革,加强规范中央财政林业补助资金使用和管理,提高资金使用效益,根据《中华人民共和国预算法》、《中华人民共和国森林法》等有关法律、法规,制定本办法。

第二条 中央财政林业补助资金(以下简称林业补助资金)是指中央财政预算安排的用于森林生态效益补偿、林业补贴、森林公安、国有林场改革等方面的补助资金。

第二章 预算管理

第三条 每年12月31日前,由国家林业局会同财政部下达下一年度林业工作任务计划,具体包括:下一年度造林、森林抚育及良种生产繁育计划,湿地和林业国家级自然保护区支持重点内容,林业贴息贷款建议计划,林业科技推广示范项目立项指南等。

第四条 各省、自治区、直辖市、计划单列市(以下简称省)财政部门和林业主管部门根据国家林业局会同财政部下达的林业工作任务计划和有关要求,结合本省林业建设、保护和恢复工作任务,于每年3月31日之前联合向财政部和国家林业局报送林业补助资金申请文件。申请文件主要内容包括:基本情况和存在的主要问题、年度任务或计划、申请林业补助资金数额、上年度林业补助资金安排使用情况总结和其他需要说明的情况等。具体内容详见附件。

第五条 国家林业局根据各省资金申请文件、林业工作任务计划等,统筹研究和提出各省林业补助资金分配建议,并于4月30日前将林业补助资金分配建议函报财政部。

第六条 财政部根据预算安排、各省资金申请文件、国家林业局的资金分配建议函、上年度林业补助资金使用管理情况等,确定林业补助资金分配方案,并在全国人民代表大会批复预算后三个月内,按照预算级次下达资金。

第七条 林业补助资金采取因素法分配。

第八条 林业补助资金应按规定的用途和范围分配使用,任何部门和单位不得截留、挤占和挪用。

第九条 林业补助资金的支付按照财政国库管理制度有关规定执行。林业补助资金使用中属于政府采购管理范围的,按照国家有关政府采购的规定执行。

第十条 各级财政、林业主管部门和资金使用单位要建立健全林业补助资金管理制度,严格实行预算决算管理。

第三章 森林生态效益补偿

第十一条 森林生态效益补偿用于国家级公益林的保护和管理。

第十二条 国家级公益林是指根据国家林业局、财政部联合印发的《国家级公益林区划界定办法》(林资发〔2009〕214号)区划界定的公益林林地。

第十三条 森林生态效益补偿根据国家级公益林权属实行不同的补偿标准,包括管护补助支出和公共管护支出两部分。

国有的国家级公益林平均补偿标准为每年每亩5元,其中管护补助支出4.75元,公共管护支出0.25元;集体和个人所有的国家级公益林补偿标准为每年每亩15元,其中管护补助支出14.75元,公共管护支出0.25元。

第十四条 国有的国家级公益林管护补助支出,用于国有林场、苗圃、自然保护区、森工企业等国有单位管护国家级公益林的劳务补助等支出。地方各级财政部门会同林业主管部门测算审核管理成本,合理确定国有单位国家级公益林管护人员数量、管护劳务补助标准。集体和个人所有的国家级公益林管护补助支出，用于集体和个人的经济补偿和管护国家级公益林的劳务补助等支出。

公共管护支出主要用于地方各级林业主管部门开展国家级公益林监督检查和评价监测等方面的支出。

第十五条 财政部根据各省、国家林业局报送的国家级公益林征占用等资源变化情况，相应调整用于森林生态效益补偿方面的预算。

第十六条 林业主管部门应与承担管护任务的国有单位、集体和个人签订国家级公益林管护合同。国有单位、集体和个人应按照管护合同规定履行管护义务，承担管护责任，根据管护合同履行情况领取森林生态效益补偿。

第四章 林业补贴

第十七条 林业补贴是指用于林木良种培育、造林和森林抚育，湿地、林业国家级自然保护区和沙化土地封禁保护区建设与保护，林业防灾减灾，林业科技推广示范，林业贷款贴息等方面的支出。

第十八条 林木良种培育、造林和森林抚育补贴具体支出内容是：

（一）林木良种培育补贴。包括良种繁育补贴和林木良种苗木培育补贴。良种繁育补贴主要用于对良种生产、采集、处理、检验、贮藏等方面的人工费、材料费、简易设施设备购置和维护费，以及调查设计、技术支撑、档案管理、人员培训等管理费用和必要的设备购置费用的补贴；补贴对象为国家重点林木良种基地和国家林木种质资源库；补贴标准：种子园、种质资源库每亩补贴600元，采穗圃每亩补贴300元，母树林、试验林每亩补贴 100 元。林木良种苗木培育补贴主要用于对因使用良种，采用组织培养、轻型基质、无纺布和穴盘容器育苗、幼化处理等先进技术培育的良种苗木所增加成本的补贴；补贴对象为国有育苗单位；补贴标准：除有特殊要求的良种苗木外，每株良种苗木平均补贴 0.2 元，各地可根据实际情况，确定不同树种苗木的补贴标准。

（二）造林补贴。对国有林场、农民和林业职工（含林区人员，下同）、农民专业合作社等造林主体在宜林荒山荒地、沙荒地、迹地、低产低效林地进行人工造林、更新和改造，面积不小于 1 亩的给予适当的补贴。造林补贴包括造林直接补贴和间接费用补贴。

直接补贴是指对造林主体造林所需费用的补贴，补贴标准为：人工营造，乔木林和木本油料林每亩补贴 200 元，灌木林每亩补贴 120 元（内蒙古、宁夏、甘肃、新疆、青海、陕西、山西等省灌木林每亩补贴 200 元），水果、木本药材等其他林木、竹林每亩补贴 100 元；迹地人工更新、低产低效林改造每亩补贴 100 元。间接费用补贴是指对享受造林补贴的县、局、场林业部门（以下简称县级林业部门）组织开展造林有关作业设计、技术指导所需费用的补贴。

享受中央财政造林补贴营造的乔木林，造林后 10 年内不准主伐。

（三）森林抚育补贴。对承担森林抚育任务的国有森工企业、国有林场、农民专业合作社以及林业职工和农民等给予适当的补贴。森林抚育对象为国有林中的幼龄林和中龄林，集体和个人所有的公益林中的幼龄林和中龄林。一级国家级公益林不纳入森林抚育范围。

森林抚育补贴标准为平均每亩 100 元。根据国务院批准的

《长江上游、黄河上中游地区天然林资源保护工程二期实施方案》和《东北、内蒙古等重点国有林区天然林资源保护工程二期实施方案》，天然林资源保护工程二期实施范围内的国有林森林抚育补贴标准为平均每亩120元。森林抚育补贴用于森林抚育有关费用支出，包括直接支出和间接支出。直接支出主要用于间伐、补植、人工促进天然更新、修枝、除草、割灌、清理运输采伐剩余物、修建简易作业道路等生产作业的劳务用工和机械燃油等。间接支出主要用于作业设计、技术指导等。

第十九条 湿地、林业国家级自然保护区和沙化土地封禁保护区建设与保护补贴，根据湿地、林业国家级自然保护区和沙化土地封禁保护区的重要性、建设内容、任务量、地方财力状况、保护成绩等因素分配。主要包括以下三个部分：

（一）湿地补贴主要用于湿地保护与恢复、退耕还湿试点、湿地生态效益补偿试点、湿地保护奖励等相关支出。其中，湿地保护与恢复支出指用于林业系统管理的国际重要湿地、国家重要湿地、湿地自然保护区及国家湿地公园开展湿地保护与恢复的相关支出，主要包括监测监控设施维护和设备购置支出、退化湿地恢复支出和湿地所在保护管理机构聘用临时管护人员所需的劳务费等；退耕还湿试点支出指用于国际重要湿地和湿地国家级自然保护区范围内及其周边的耕地实施退耕还湿的相关支出；湿地生态效益补偿试点支出指用于对候鸟迁飞路线上的重要湿地因鸟类等野生动物保护造成损失给予的补偿支出；湿地保护奖励支出指用于经考核确认对湿地保护成绩突出的县级人民政府相关部门的奖励支出。

（二）林业国家级自然保护区补贴主要用于保护区的生态保护、修复与治理，特种救护、保护设施设备购置和维护，专项调查和监测，宣传教育，以及保护管理机构聘用临时管护人员所需的劳务补贴等支出。

（三）沙化土地封禁保护区补贴主要用于对暂不具备治理条件的和因保护生态需要不宜开发利用的连片沙化土地实施封禁保护的补贴支出。范围包括：固沙压沙等生态修复与治理，管护站点和必要的配套设施修建和维护，必要的巡护和小型监测监控设施设备购置，巡护道路维护、围栏、界碑界桩和警示标牌修建，保护管理机构聘用临时管护人员所需的劳务费等支出。

第二十条　林业防灾减灾补贴根据损失程度、防灾减灾任务量、地方财力状况等因素分配。主要包括以下三个部分：

（一）森林防火补贴指用于预防和对突发性的重特大森林火灾扑救等相关支出的补贴，包括开设边境森林防火隔离带、购置扑救工具和器械、物资设备等支出，租用交通运输工具支出以及重点国有林区防火道路建设支出等。补贴对象为承担森林防火任务的基层林业单位。

（二）林业有害生物防治补贴指用于对危害森林、林木、种苗正常生长，造成重大灾害的病、虫、鼠（兔）和有害植物的预防和治理等相关支出的补贴。支出范围包括：购置药剂、药械、工具的开支，除害处理的人工费补贴，治理区发生检疫检验的材料费、小型器具费等。补贴对象为承担林业有害生物防治任务的基层林业单位。

（三）林业生产救灾补贴指用于支持林业系统遭受洪涝、干旱、雪灾、冻害、冰雹、地震、山体滑坡、泥石流、台风等自然灾害之后开展林业生产恢复等相关支出的补贴。补贴范围包括：受灾林地、林木及野生动植物栖息地、生境地的清理；灾后林木的补植补造及野生动植物栖息地、生境地的恢复；因灾损毁的林业相关设施修复和设备购置。补贴对象为因灾受损并承担林业生产救灾任务的基层林业单位。

第二十一条 林业科技推广示范补贴是指用于对全国林业生态建设或林业产业发展有重大推动作用的先进、成熟、有效的林业科技成果推广与示范等相关支出的补贴。补贴对象为承担林业科技成果推广与示范任务的林业技术推广站（中心）、科研院所、大专院校、农民专业合作社、国有森工企业、国有林场和国有苗圃等单位和组织。支出范围主要包括林木新品种繁育、新品种新技术的应用示范、与科技推广和示范项目相关的简易基础设施建设、必需的专用材料及小型仪器设备购置、技术培训、技术咨询等。

省级林业主管部门会同省级财政部门，根据国家林业局、财政部下达的林业科技推广示范项目立项指南，结合本省实际情况，负责林业科技推广示范项目的评审和批复立项等工作。

财政部会同国家林业局根据各省林业补助资金申请文件、林业科技推广示范项目评审情况和绩效评价结果，结合当年中央财政预算安排，确定对各省的林业科技推广示范补贴金额，并切块到省。各省当年评审通过但未安排补贴的项目，可滚动至下一年度继续申请。

第二十二条 林业贷款贴息补贴（以下简称贴息补贴）是指中央财政对各类银行（含农村信用社和小额贷款公司，下同）发放的符合贴息条件的贷款给予一定期限和比例的利息补贴。

（一）中央财政对符合以下条件之一的林业贷款予以贴息：林业龙头企业以公司带基地、基地连农户的经营形式，立足于当地林业资源开发、带动林区、沙区经济发展的种植业、养殖业以及林产品加工业贷款项目；各类经济实体营造的工业原料林、木本油料经济林以及有利于改善沙区、石漠化地区生态环境的种植业贷款项目；国有林场（苗圃）、国有森工企业为保护森林资源，缓解经济压力开展的多种经营贷款项目，以及自然保护区和森林公园开展的森林生态旅游贷款项目；农户和林业职工个人从事的营造林、林业资源开发和林产品加工贷款项目。

（二）对各省符合本办法规定条件的林业贷款，中央财政年贴息率为3%。对新疆生产建设兵团、大兴安岭林业集团公司符合本办法规定条件的林业贷款，中央财政年贴息率为5%。

（三）林业贷款期限3年以上（含3年）的，贴息期限为3年；林业贷款期限不足3年的，按实际贷款期限贴息。对农户和林业职工个人营造林小额贷款，适当延长贴息期限。贷款期限5年以上（含5年）的，贴息期限为5年；贷款期限不足5年的，按实际贷款期限贴息。农户和林业职工个人营造林小额贷款是指贴息年度内（1月1日至12月31日，下同）累计额30万元以下的营造林贷款。

（四）贴息补贴采取分年据实贴息的办法（上一年度1月1日至12月31日的林业贷款贴息）。对贴息年度内贷款期限1年以上的林业贷款，按全年计算贴息；对贴息年度内贷款期限不足1年的林业贷款，按贷款实际月数计算贴息。

（五）林业龙头企业、国有林场（苗圃）、国有森工企业、自然保护区和森林公园等的贴息贷款项目，由项目单位向当地林业主管部门提出申请。林业主管部门商同级财政部门同意后，逐级审核申报，由省级林业主管部门会同省级财政部门负责审核汇总。农户和林业职工小额贷款项目，由县级林业主管部门（含国有森工企业，下同）统一汇总，并以县级林业主管部门作为申报单位，商同级财政部门同意后，逐级审核申报，由省级林业主管部门会同财政部门负责审核汇总。

（六）省级财政部门会同省级林业主管部门对本省申报贴息补贴的贷款及其项目实施情况进行审核，对其真实性、合规性负责，确定应向中央财政申请的贴息补贴额，并向财政部报送林业补助资金申请文件，同时抄报国家林业局。财政部根据各省林业补助资金申请文件和林业贷款项目落实情况，确定贴息补贴额，并切块到省。

第五章　森林公安补助

第二十三条　森林公安补助主要是用于森林公安机关办案（业务）经费和业务装备经费开支的补助。森林公安补助根据警力、地方财力状况、业务工作量、装备需求、森林资源管理等因素分配。

第二十四条　森林公安办案（业务）经费、业务装备经费由中央、省级和省以下同级财政分区域按保障责任负担。森林公安补助对中西部地区的县级森林公安机关和省级直属的重点国有林区森林公安机关，以及维稳任务重、经济困难地区的地（市）森林公安机关予以重点补助；对东部地区县级森林公安机关予以奖励性补助。按照政法经费保障要求，省级财政部门应在做好本级森林公安经费保障的同时，依照不低于本省公安机关的标准安排省级森林公安转移支付资金。

第二十五条　森林公安补助主要用于市级以下森林公安机关，省级财政部门可预留不超过中央森林公安资金的10%，专项用于省级森林公安机关承办公安部、国家林业局部署的重大任务，直接侦办和督办重特大案件、组织开展专项行动、组织民警教育培训、处置不可预见的突发事件、装备共建或其他特殊原因所需经费补助等。

第二十六条　森林公安补助使用范围包括森林公安办案（业务）经费和森林公安业务装备经费。其中森林公安办案（业务）经费用于森林公安机关开展案件侦办查处、森林资源保护、林区治安管理、维护社会稳定、处置突发事件、禁种铲毒、民警教育培训等直接支出；森林公安业务装备经费用于森林公安机关购置指挥通信、刑侦技术、执法勤务（含警用交通工具）、信息化建设、处置突发事件、派出所和监管场所所需的各类警用业务装备的支出。

第六章 国有林场改革补助

第二十七条 国有林场改革补助是指用于支持国有林场改革的一次性补助支出。

第二十八条 国有林场改革补助主要用于补缴国有林场拖欠的职工基本养老保险和基本医疗保险费用、国有林场分离场办学校和医院等社会职能费用、先行自主推进国有林场改革的省奖励补助等。中央财政安排的补助资金补缴国有林场拖欠的职工基本养老保险和基本医疗保险费用有结余的，可用于林场缴纳职工基本养老和基本医疗等社会保险以及其他与改革相关的支出。

第二十九条 国有林场改革补助按照国有林场职工人数（包括在职职工和离退休职工）和林地面积两个因素分配，其中：每名职工补助2万元，每亩林地补助1.15元。

第七章 监督检查

第三十条 各级财政部门和林业主管部门应加强对林业补助资金的申请、分配、管理使用情况的监督检查，发现问题及时纠正。对各类违法违规以及违反本办法规定的行为，按照《财政违法行为处罚处分条例》等国家有关规定追究法律责任。

第三十一条 按第三十条规定追回的林业补助资金，由财政部商国家林业局用于对林业补助资金使用管理规范、成效显著的省进行奖励。

第三十二条 各级财政部门和林业主管部门应加强对林业补助资金管理使用情况的追踪问效,适时组织开展绩效监督。

第八章 附 则

第三十三条 省级财政部门会同省级林业主管部门应根据本办法制定实施细则,并报送财政部和国家林业局。

用于军事管理区的林业补助资金（森林生态效益补偿）管理办法,由解放军总后勤部财务部和基建营房部,根据本办法制定管理实施细则,并报送财政部和国家林业局。

新疆生产建设兵团、国家林业局直属大兴安岭林业集团公司林业补助资金管理参照本办法执行,相关补助支出列入中央部门预算。

第三十四条 林业补助资金相关补助补贴标准因政策需要进行调整的,按照调整后的标准执行。

第三十五条 本办法由财政部会同国家林业局负责解释。

第三十六条 本办法自 2014 年 6 月 1 日起施行。《财政部 国家林业局关于印发的通知》（财农〔2009〕381 号）、《财政部 国家林业局关于印发的通知》（财农〔2012〕505 号）、《财政部 国家林业局关于印发的通知》（财农〔2009〕290 号）、《财政部 国家林业局关于印发的通知》（财农〔2011〕423 号）、《财政部 国家林业局关于印发的通知》（财农〔2005〕44 号）、《财政部 国家林业局关于印发的通知》（财农〔2011〕10 号）、《财政部 国家林业局关于印发的通知》（财农〔2011〕447 号）、《财政部 国家林业局关于印发的通知》（财农〔2009〕289 号）、《财政部 国家林业局关于印发的通知》（财农〔2009〕291 号）同时废止,《财政部 国家林业局关于印发的通知》（财农〔2002〕70 号）中有关边境森林防火隔离带补助的内容同时废止。

附件：

中央财政林业补助资金申请主要内容和有关要求

一、上年度有关情况

（一）上年度林业补助资金使用管理情况总结。

1. 森林生态效益补偿

2. 林业补贴

3. 森林公安补助

4. 国有林场改革补助

（二）中央财政支持的林业生态建设、保护和恢复计划任务完成情况。

（三）国家级公益林管理及资源变化情况。

（四）林业有害生物发生和成灾情况、预防和治理成效，林业自然灾害损失情况。

（五）中央财政已支持的林业科技推广示范项目进展及完成情况等。

（六）林业贴息贷款使用管理和效益情况。

二、本年度有关计划及情况

（一）本年度计划完成的造林和森林抚育以及良种生产、育苗任务。

（二）本年度有害生物防治方案。

（三）本年度计划实施的湿地、自然保护区、沙化土地封禁保护区建设任务。

（四）本年度计划支持的林业科技推广示范项目。

（五）申报中央财政贴息的上年度林业贷款项目落实情况。

（六）森林公安补助分配使用计划。

关于调整森林植被恢复费征收标准引导节约集约利用林地的通知

财税〔2015〕122号

各省、自治区、直辖市财政厅（局）、林业厅（局），新疆生产建设兵团财务局、林业局，内蒙古、吉林、黑龙江、大兴安岭森工（林业）集团公司：

由占用征收林地的建设单位依法缴纳森林植被恢复费，是促进节约集约利用林地、培育和恢复森林植被、实现森林植被占补平衡的一项重要制度保障。2002年财政部、国家林业局印发《森林植被恢复费征收使用管理暂行办法》（财综〔2002〕73号）以来，各地不断加强和规范森林植被恢复费征收使用管理，对推动植树造林、增加森林植被面积发挥了重要作用。随着我国经济社会快速发展，各项建设工程对占用征收林地需求不断增加，但其支付的补偿标准明显偏低，无序占用、粗放利用林地问题突出，减少的森林植被无法得到有效恢复。根据中共中央、国务院印发的《生态文明体制改革总体方案》的要求，为加快健全资源有偿使用和生态补偿制度，建立引导节约集约利用林地的约束机制，确保森林植被面积不减少、质量不降低，保障国家生态安全，现就调整森林植被恢复费征收标准等有关问题通知如下：

一、制定森林植被恢复费征收标准应当遵循以下原则：

（一）合理引导节约集约利用林地，限制无序占用、粗放使用林地。

（二）反映不同类型林地生态和经济价值，合理补偿森林植被恢复成本。

（三）充分体现公益林、城市规划区林地的重要性和特殊性，突出加强公益林和城市规划区林地的保护。

（四）保障公共基础设施、公共事业和民生工程等建设项目使用林地，控制经营性建设项目使用林地。

（五）考虑不同地区经济社会发展水平、森林资源禀赋和恢复成本差异，适应各地植树造林、恢复森林植被工作需要。

（六）与经济社会发展相适应，考虑企业承受能力，并建立定期评估和调整机制。

（七）体现公平公正原则，对中央和地方企业不得实行歧视性征收标准。

二、森林植被恢复费征收标准应当按照恢复不少于被占用征收林地面积的森林植被所需要的调查规划设计、造林培育、保护管理等费用进行核定。具体征收标准如下：

（一）郁闭度0.2以上的乔木林地（含采伐迹地、火烧迹地）、竹林地、苗圃地，每平方米不低于10元；灌木林地、疏林地、未成林造林地，每平方米不低于6元；宜林地，每平方米不低于3元。

各省、自治区、直辖市财政、林业主管部门在上述下限标准基础上，结合本地实际情况，制定本省、自治区、直辖市具体征收标准。

（二）国家和省级公益林林地，按照第（一）款规定征收标准2倍征收。

（三）城市规划区的林地，按照第（一）、（二）款规定征收标准2倍征收。

（四）城市规划区外的林地，按占用征收林地建设项目性质实行不同征收标准。属于公共基础设施、公共事业和国防建设项目的，按照第（一）、（二）款规定征收标准征收；属于经营性建设项目的，按照第（一）、（二）款规定征收标准2倍征收。

公共基础设施建设项目包括：公路、铁路、机场、港口码头、水利、电力、通讯、能源基地、电网、油气管网等建设项目。公共事业建设项目包括：教育、科技、文化、卫生、体育、环境和资源保护、防灾减灾、文物保护、社会福利、市政公用等建设项目。经营性建设项目包括：商业、服务业、工矿业、仓储、城镇住宅、旅游开发、养殖、经营性墓地等建设项目。

三、对农村居民按规定标准建设住宅，农村集体经济组织修建乡村道路、学校、幼儿园、敬老院、福利院、卫生院等社会公益项目以及保障性安居工程，免征森林植被恢复费。法律、法规规定减免森林植被恢复费的，从其规定。

四、加强森林植被恢复费征收管理。各级林业主管部门要严格按规定的范围、标准和时限要求征收森林植被恢复费，确保及时、足额征缴到位。任何单位和个人均不得违反规定，擅自减免或缓征森林植被恢复费，不得自行改变森林植被恢复费的征收对象、范围和标准。要向社会公开各类建设项目占用征收林地及森林植被恢复费征收使用情况，提高透明度，接受社会监督。上级财政、林业主管部门要加强监督检查，坚决查处不按规定征收森林植被恢复费的行为。

五、做好组织实施和宣传工作。各地要高度重视调整森林植被恢复费征收标准工作，加强组织领导，周密部署，协调配合，抓好落实。要通过政府网站和公共媒体等渠道，加强森林植被恢复费政策宣传解读,及时发布信息,做好舆论引导工作,统一思想、凝聚共识,营造良好的舆论氛围。

  各省、自治区、直辖市财政、林业主管部门要在 2016 年 3 月底前,将调整森林植被恢复费征收标准等政策落实到位,并及时报财政部、国家林业局备案。

财政部

国家林业局

2015 年 11 月 18 日

国家林业局派驻森林资源监督机构
督查督办破坏森林资源案件管理规定

国家林业局办公室关于印发《国家林业局派驻森林资源监督机构督查督办破坏森林资源案件管理规定》的通知

办资字〔2014〕32号

国家林业局各派驻森林资源监督机构：

为进一步加强森林资源监督系统案件督查督办工作，我局制定了《国家林业局派驻森林资源监督机构督查督办破坏森林资源案件管理规定》，现印发给你们，请遵照执行。

国家林业局办公室
2014年4月1日

第一条　为切实加强国家林业局各派驻森林资源监督机构（以下简称"专员办"）督查督办破坏森林资源案件工作的管理，加大案件督查督办力度，有效地打击各类破坏森林资源的违法犯罪行为，依据《中华人民共和国森林法》及其实施条例、《森林资源监督工作管理办法》和其他有关法律法规，制定本规定。

第二条　国家林业局森林资源监督管理办公室（以下简称"监督办"）负责专员办督查督办破坏森林资源案件的协调管理工作；负责组织对专员办案件督查督办工作和监督成效的考核。

第三条　本规定所称破坏森林资源案件，是指公民、法人和其他组织违反《森林法》和相关法律法规及有关森林资源管理的规定破坏森林资源的行为。专员办督查督办破坏森林资源案件，适用本规定。

第四条 专员办督查督办的破坏森林资源案件主要包括：

（一）上级有关部门和领导批转查办的案件；

（二）新闻媒体曝光的案件；

（三）国家林业局组织的检查（核查）中发现的案件；

（四）专员办在监督工作中发现的案件；

（五）信访部门或其他有关部门以信函形式转来需要协助督查督办的案件；

（六）群众来信来访举报的案件；

（七）其他破坏森林资源案件。

第五条 破坏森林资源案件督查督办，实行报告制度。

（一）重大案件报告。专员办应当及时掌握下列破坏森林资源案件发案情况，主动开展调查，并于了解情况之时起24小时之内将案发情况、初步调查情况和进一步办理的意见报告国家林业局。

1. 突发或新闻媒体曝光的重大破坏森林资源案件；

2. 国务院确定的重点国有林区发生的重大破坏森林资源案件；

3. 在国家级公益林区、国家级森林公园、国家级森林和野生动物类型自然保护区区域内发生的重大破坏森林资源案件；

4. 涉及地方政府、部门或县级以上领导干部参与、支持、包庇、纵容的破坏森林资源案件；

5. 可能引起社会普遍关注或者对全国林业工作可能产生重大影响的其他破坏森林资源案件；

6. 需要报请国家林业局掌握情况、组织查处或进行协调的其他案件。

（二）例行报告。专员办每年4月、7月、10月的10日前分别报送一季度、上半年、前三季度案件督查督办情况，次年1月31日前，提交上一年度案件督查督办情况总报告。

第六条 破坏森林资源案件督查督办可采取以下方式：

（一）专员办根据国家林业局要求督查督办；

（二）专员办自行组织督查督办；

（三）专员办和所在地林业主管部门联合查办；

（四）专员办批转地方各级林业主管部门或监督机构查办。

第七条 专员办督查督办破坏森林资源案件，可采用书面督办、电话督办、会议督办、约谈督办和现地督办等方法，并形成文字材料备案。

第八条 专员办要遵循以事实为依据、以法律为准绳，公平、公正、高效的原则，对破坏森林资源案件进行督查督办。对查清的问题，应当及时向当地林业主管部门或者有关单位提出处理建议，并对处理建议的落实情况进行跟踪监督。

专员办应与地方纪检监察、检察机关和林业主管部门主动沟通协调，建立联合办案工作机制。

第九条 专员办主要领导对督查督办破坏森林资源案件负总责。

第十条 对国家林业局批转要求调查的案件，必须由专员办领导带队进行调查；对批转的督办案件，要进行全程督办，确保案件依法及时查处。

专员办要积极主动开展监督工作，有针对性地组织专项检查，及时掌握案件线索，督促有关部门依法查处。

第十一条 专员办督查督办的破坏森林资源案件，遵从如下时限规定：

专员办督查督办国家林业局要求报告的案件，要严格按照规定的时限上报结果；对没有时限要求的，一般性案件应在立案后两个月内结案并报告情况；对重大案件立案后三个月内结案并报告情况；对情况复杂或者查处难度较大的案件在立案后六个月内结案并报告情况。

专员办对前款规定的期限内未能办理结案的案件要及时向国家林业局报告原因和存在的问题。

第十二条 对有重大影响的破坏森林资源案件，专员办可商省级林业主管部门进行通报；对有特别重大影响的案件，可上报国家林业局在全国范围通报。

第十三条 专员办对辖区内发生的重大破坏森林资源案件不报告或督查督办不力，造成不利影响的，依据《国家林业局关于违反森林资源管理规定造成森林资源破坏的责任追究制度的规定》（林资发〔2001〕549号）进行责任追究。

第十四条 专员办工作人员违反纪律、滥用职权、玩忽职守、徇私舞弊、隐瞒不报的，按照有关规定追究责任。

第十五条 各地各级林业主管部门要积极配合专员办督查督办破坏森林资源案件工作，对专员办督查督办的案件要及时组织力量，依法查处。

第十六条 专员办对督查督办的破坏森林资源案件应当按档案管理要求，建立健全档案。

第十七条 专员办可根据本办实际，制定具体实施办法。

第十八条 本规定自2014年5月1日起施行，有效期到2019年4月30日。

国家林业局关于森林公安机关办理林业行政案件有关问题的通知

林安发〔2013〕206号

各省、自治区、直辖市林业厅（局），内蒙古、吉林、龙江、大兴安岭森工（林业）集团公司，新疆生产建设兵团林业局：

为进一步发挥森林公安机关保护森林资源的职能作用，根据《中华人民共和国森林法》、《中华人民共和国行政复议法》、《林业行政处罚程序规定》、《国家林业局关于授权森林公安机关代行行政处罚权的决定》等法律、法规、规章，现就森林公安机关办理林业行政案件的有关问题通知如下：

一、森林公安机关可以依法以其归属的林业主管部门的名义受理、查处林业行政案件，在对外法律文书上加盖林业主管部门的印章。

森林公安局（分局）、森林警察（公安）大队办理《中华人民共和国森林法》第39条、第42条、第43条、第44条规定的林业行政案件，应以自己的名义受理、立案、调查、作出处罚决定。森林公安派出所应当以其归属的森林公安局（分局）、森林警察（公安）大队的名义办理林业行政案件。

二、对于依法立为林业行政案件的，森林公安机关不得使用治安、刑事强制措施。森林公安民警在调查处理林业行政案件时，应当出示国家林业局统一核发的林业行政执法证件。

达到刑事案件立案标准的，森林公安机关必须立为刑事案件，不得以行政处罚代替刑事处罚。森林公安机关立案侦查的刑事案件经批准撤销案件、人民检察院作出不起诉决定、人民法院作出无罪判决的，需要给予林业行政处罚的，应当依法作出处罚决定。

三、上级森林公安机关在必要的情况下，可以决定查处或者指定其他森林公安机关查处下级森林公安机关有权查处的林业行政案件。下级森林公安机关认为案情重大、复杂的林业行政案件，需要由上级森林公安机关处理的，可以报请上级森林公安机关决定。

四、森林公安机关以其归属林业主管部门的名义实施林业行政处罚的，复议机关是本级人民政府或者上一级林业主管部门。森林公安局（分局）、森林警察（公安）大队以自己名义实施林业行政处罚的，复议机关是其归属的林业主管部门。省（区、市）森林公安局、市（地、州、盟）森林公安局直属的森林公安局（分局）以自己名义实施林业行政处罚的，复议机关是设立该直属森林公安局（分局）的省（区、市）森林公安局、市（地、州、盟）森林公安局。

五、本通知自 2014 年 1 月 1 日起施行，有效期至 2018 年 12 月 31 日。《国家林业局关于森林公安机关查处林业行政案件有关问题的通知》（林安发〔2001〕146 号）同时废止。

国家林业局
2013 年 12 月 5 日

雨雪冰冻灾害受害林木清理指南

国家林业局关于印发《雨雪冰冻灾害
受害林木清理指南》的通知

林资发〔2008〕37号

江苏、浙江、安徽、福建、江西、河南、湖北、湖南、广东、广西、海南、重庆、四川、贵州、云南、陕西、甘肃、新疆、青海省、自治区、直辖市林业厅（局）：

　　为做好受害林木清理工作，我局组织制定了《雨雪冰冻灾害受害林木清理指南》，并通过了由中国科学院、中国工程院两院院士组成的专家组论证，现予以印发。请根据《国家林业局关于做好受灾林木清理工作的紧急通知》（林资发〔2008〕28号）要求，结合本地实际认真贯彻执行。现将有关事项通知如下：

　　一、要进一步完善受害林木清理工作的组织部署。始终坚持既要及时清理受害林木，又要防止乱砍滥伐的原则，对前一阶段该项工作的组织部署和落实情况进行一次全面梳理和系统分析。在此基础上，查找漏洞，完善措施，积极稳妥地开展受害林木清理工作。严禁因工作部署不严密、组织工作不落实、技术指导不到位等造成破坏森林资源和损害森林经营者利益的事件发生。

　　二、要尽快将受害林木清理的有关政策落实到基层。在我局有关文件精神的基础上，各省区市要结合本地实际，进一步深入研究，细化补充，形成实施细则，下发执行。要将受害林木清理的有关政策和要求编印成册，分发各级林业主管部门,做到一线组织管理和技术指导人员人手一册。要按照我局有关文件的精神,尽快落实受害林木清理所需的采伐限额指标,避免因限额指标不落实影响清理工作的正常进行。

三、要进一步加强对重点部位受害林木清理的管理工作。对道路两旁、村屯周围、农林交错地段等容易引发森林火灾的地段,力争于3月底前完成清理工作;对受灾严重的各类松林和其他容易引发森林病虫害的重度受灾林分,力争于6月底前完成清理工作;对自然保护区的受害林木,我局正在专门研究,另行部署,未部署前各地不得擅自清理;对自然保护区外的其他国家重点保护植物要严格保护,确需清理的要依法履行审批程序。

国家林业局

二○○八年二月二十八日

一、总则

(一)目的

为切实做好雨雪冰冻灾害受害林木清理工作,减少森林火灾、病虫害发生隐患和森林经营者的经济损失,防止乱砍滥伐,促进森林恢复,特制定本指南。

(二)指导思想

以科学发展观为指导,以及时清理、合理利用森林资源和尽快恢复森林生态系统功能和生产力为目标,指导灾区林木清理。

(三)基本原则

——清理与生态环境保护相结合。

——清理与森林经营相结合。

——清理与森林恢复相结合。
——清理与次生灾害防治相结合。
——清理与木材生产相结合。

（四）适用范围

本指南适用于江苏、浙江、安徽、福建、江西、河南、湖北、湖南、广东、广西、海南、重庆、四川、贵州、云南、陕西、甘肃、新疆、青海等19省、自治区、直辖市自2008年1月以来由于低温、雨雪、冰冻天气而造成的受害林木的清理。不适用自然保护区的受害林木和自然保护区外国家重点保护树木的清理。

二、灾害等级划分

（一）受害林木

因雨雪冰冻灾害而发生弯斜、断梢、断枝、断冠、冻梢、冻裂、劈裂、折干、倒伏、翻蔸、冻死等情况的林木称为受害林木。受害林木按受害程度分为轻度、中度和重度三级。

（二）林木受害等级

轻度受害林木：指主干弯斜、冻梢、断枝等，但仍能正常生长的受害林木。

中度受害林木：指主干冻裂、断梢（有枝）、树冠严重受损等，但仍能存活的受害林木。

重度受害林木：指主干劈裂、冻死、翻蔸、倒伏、折干、无树冠等没有存活希望的受害林木。

（三）受灾林分

因雨雪冰冻灾害，有受害林木的林分均称为受灾林分。受灾林分依林木受害程度分为轻度、中度和重度三级。

（四）林分受灾等级

轻度受灾林分：指重度受害林木占林木总株数10%以下或者

中、重度受害林木合计占林木总株数30%以下的受灾林分。

中度受灾林分：指重度受害林木占林木总株数11%—59%或者中度受害林木占林木总株数30%以上的受灾林分。

重度受灾林分：指重度受害林木占林木总株数60%以上的受灾林分。

三、清理技术要点

（一）公益林

轻度受灾林分：原则上只对道路两侧、村屯周围、农林交错地带等容易发生森林火灾地段林缘30米以内的重度受害林木进行清理，其他地段不予清理，采取自然恢复措施。

中度受灾林分：只清理重度受害林木，主要采用人工促进恢复的措施。

重度受灾林分：松类林分，若受害林木占林木总株数80%以上的，可采用全林清理，主要采用人工恢复措施。其他林分，只清理重度受害林木，主要采用人工恢复或人工促进恢复措施。

（二）商品林

1. 松类

轻度受灾林分：清理中度和重度受害林木，主要采用天然恢复措施。

中度受灾林分：清理中度和重度受害林木，采用人工恢复或人工促进恢复措施。

重度受灾林分：采取全林清理、人工恢复措施。

2. 杉类

轻度受灾林分：清理重度受害林木，主要采用天然恢复措施。

中度受灾林分：清理重度受害林木，采用人工恢复或人工促进恢复措施。

重度受灾林分：可采取全林清理、人工恢复措施。

3. 阔叶类

（1）人工阔叶林

桉树：轻度受灾林分清理重度受害林木，并进行补植造林；中、重度受灾林分采取全林清理，重新造林。

杨树：轻、中度受灾林分清理重度受害林木，进行补植造林；重度受灾林分可采取全林清理方式，重新造林。

其他阔叶树：重点清理重度受害林木，主要采用天然恢复措施或补植。

（2）天然阔叶林

清理重度受害林木，采用天然恢复或人工促进恢复措施。

3. 经济林

根据林木冻害程度和相关技术要求进行清理。

4. 竹林

（1）重度弯曲的：采取断梢处理。

（2）破裂、倒伏的：采取整株清理方式，大年竹年清理应在笋期以后进行。

（3）翻蔸的：采取整株清理方式。

（三）遗传资源

实施全林清理的，对抗灾能力明显优于同林分其他林木的，应当作为优良遗传资源予以保留，并尽可能留有一定数量的伴生林木。

四、组织管理

（一）清理方案

各受灾县（市、区）要制定县级受灾林木清理工作方案，方案重点要说明清理对象、任务、方法、顺序、时间、人员组织、保障措施等要求。

清理要按照"先急后缓、先重后轻、先近后远、先松后杉、先人工林后天然林、先中龄林后成熟林"的顺序进行。对道路两旁、村屯周围、农林用地交错地段，以及其他易发生森林火灾的地段，应在3月底以前完成清理；对松类中度、重度受灾林分及其他易发生严重病虫害的林分清理工作应在6月底以前完成。

（二）清理调查和审批

1. 一般程序：公益林，天然阔叶商品林和其他可以正常调查设计的，按照规定程序审批。

2. 简易程序：对灾情严重，无法进行调查设计的，可采取现场调绘，确定对象、面积、受害程度，现场发证，山下检尺，核准蓄积量和出材量的程序。适用于简易程序的标准，由各省级林业主管部门确定。

现场调绘：实施全林清理的，采取地形图勾绘的方法确定范围、测算面积。实施部分清理的，利用最新的"二类调查"小班数据（图）确定范围、测算其面积。

受害程度：按照林木和林分受害等级划分标准确定。

现场发证：按照事权划分，县级以上林业主管部门组织现场核发林木采伐许可证。林木采伐许可证的蓄积量和出材量栏待核准后填写，其他项目按要求填写，还必须注明清理的方式和对象。

山下检尺、核准蓄积量和出材量：清理的木材应合理制材，充分利用。林业行政主管部门应及时组织木材检尺，确定出材量，折算蓄积量；并将核准后蓄积量和出材量填入采伐证。

（三）清理作业管理

清理作用应注意保护健康林木和幼苗、幼树，防止水土流失。县级林业主管部门要加强对清理作业的管理，要组织由资源林政管理、森林公安、森林防火、林业工作站、林业调查设计队等管理和技术人员，组成工作组，明确责任，分片包干，现场指导，发现问题，及时纠正，防止乱砍滥伐和违规用火现象的发生。

（四）检查验收

清理结束后，核发林木采伐许可证的部门和森林防火部门，要组织力量，对清理小班（地块）进行验收，省级林业主管部门和国家林业局驻各地森林资源监督机构应组织清理工作的监督检查。

（五）木材运输

所有清理木材的运输都必须纳入依法管理范围，严禁无证运输和从疫区运出未经检疫的木材。办理木材运输证的部门和木材检查站，应当提供及时、便捷的服务。

（六）工作总结

清理工作结束后，各级林业主管部门要及时对清理工作进行总结和评估，省级林业主管部门要将清理工作总结上报国家林业局。

五、附则

各省级林业主管部门根据本指南的精神结合本地实际，制定实施细则。受灾地区可以省、自治区、直辖市为单位分别林种、林型在国有林场或其他适宜区位保留一定面积的受灾林分，以便开展科学研究之需要。

中华人民共和国森林法实施条例

中华人民共和国国务院令

第 666 号

《国务院关于修改部分行政法规的决定》已经 2016 年 1 月 13 日国务院第 119 次常务会议通过，现予公布，自公布之日起施行。

总理　李克强

2016 年 2 月 6 日

（2000 年 1 月 29 日国务院发布；根据 2016 年 1 月 13 日国务院第 119 次常务会议《国务院关于修改部分行政法规的决定》修改）

第一章　总　则

第一条　根据《中华人民共和国森林法》（以下简称森林法），制定本条例。

第二条　森林资源，包括森林、林木、林地以及依托森林、林木、林地生存的野生

动物、植物和微生物。

森林，包括乔木林和竹林。

林木，包括树木和竹子。

林地，包括郁闭度0.2以上的乔木林地以及竹林地、灌木林地、疏林地、采伐迹地、火烧迹地、未成林造林地、苗圃地和县级以上人民政府规划的宜林地。

第三条　国家依法实行森林、林木和林地登记发证制度。依法登记的森林、林木和林地的所有权、使用权受法律保护，任何单位和个人不得侵犯。

森林、林木和林地的权属证书式样由国务院林业主管部门规定。

第四条　依法使用的国家所有的森林、林木和林地，按照下列规定登记：

（一）使用国务院确定的国家所有的重点林区（以下简称重点林区）的森林、林木和林地的单位，应当向国务院林业主管部门提出登记申请，由国务院林业主管部门登记造册，核发证书，确认森林、林木和林地使用权以及由使用者所有的林木所有权；

（二）使用国家所有的跨行政区域的森林、林木和林地的单位和个人，应当向共同的上一级人民政府林业主管部门提出登记申请，由该人民政府登记造册，核发证书，确认森林、林木和林地使用权以及由使用者所有的林木所有权；

（三）使用国家所有的其他森林、林木和林地的单位和个人，应当向县级以上地方人民政府林业主管部门提出登记申请，由县级以上地方人民政府登记造册，核发证书，确认森林、林木和林地使用权以及由使用者所有的林木所有权。

未确定使用权的国家所有的森林、林木和林地,由县级以上人民政府登记造册,负责保护管理。

第五条 集体所有的森林、林木和林地,由所有者向所在地的县级人民政府林业主管部门提出登记申请,由该县级人民政府登记造册,核发证书,确认所有权。

单位和个人所有的林木,由所有者向所在地的县级人民政府林业主管部门提出登记申请,由该县级人民政府登记造册,核发证书,确认林木所有权。

使用集体所有的森林、林木和林地的单位和个人,应当向所在地的县级人民政府林业主管部门提出登记申请,由该县级人民政府登记造册,核发证书,确认森林、林木和林地使用权。

第六条 改变森林、林木和林地所有权、使用权的,应当依法办理变更登记手续。

第七条 县级以上人民政府林业主管部门应当建立森林、林木和林地权属管理档案。

第八条 国家重点防护林和特种用途林,由国务院林业主管部门提出意见,报国务院批准公布;地方重点防护林和特种用途林,由省、自治区、直辖市人民政府林业主管部门提出意见,报本级人民政府批准公布;其他防护林、用材林、特种用途林以及经济林、薪炭林,由县级人民政府林业主管部门根据国家关于林种划分的规定和本级人民政府的部署组织划定,报本级人民政府批准公布。

省、自治区、直辖市行政区域内的重点防护林和特种用途林的面积,不得少于本行政区域森林总面积的百分之三十。

经批准公布的林种改变为其他林种的,应当报原批准公布机关批准。

第九条 依照森林法第八条第一款第(五)项规定提取的资

金,必须专门用于营造坑木、造纸等用材林,不得挪作他用。审计机关和林业主管部门应当加强监督。

第十条 国务院林业主管部门向重点林区派驻的森林资源监督机构,应当加强对重点林区内森林资源保护管理的监督检查。

第二章 森林经营管理

第十一条 国务院林业主管部门应当定期监测全国森林资源消长和森林生态环境变化的情况。

重点林区森林资源调查、建立档案和编制森林经营方案等项工作,由国务院林业主管部门组织实施;其他森林资源调查、建立档案和编制森林经营方案等项工作,由县级以上地方人民政府林业主管部门组织实施。

第十二条 制定林业长远规划,应当遵循下列原则:

(一)保护生态环境和促进经济的可持续发展;

(二)以现有的森林资源为基础;

(三)与土地利用总体规划、水土保持规划、城市规划、村庄和集镇规划相协调。

第十三条 林业长远规划应当包括下列内容:

(一)林业发展目标;

(二)林种比例;

(三)林地保护利用规划;

(四)植树造林规划。

第十四条 全国林业长远规划由国务院林业主管部门会同其他有关部门编制,报国务院批准后施行。

地方各级林业长远规划由县级以上地方人民政府林业主管部门会同其他有关部门编制,报本级人民政府批准后施行。

下级林业长远规划应当根据上一级林业长远规划编制。

林业长远规划的调整、修改，应当报经原批准机关批准。

第十五条 国家依法保护森林、林木和林地经营者的合法权益。任何单位和个人不得侵占经营者依法所有的林木和使用的林地。

用材林、经济林和薪炭林的经营者，依法享有经营权、收益权和其他合法权益。

防护林和特种用途林的经营者，有获得森林生态效益补偿的权利。

第十六条 勘查、开采矿藏和修建道路、水利、电力、通讯等工程，需要占用或者征用林地的，必须遵守下列规定：

（一）用地单位应当向县级以上人民政府林业主管部门提出用地申请，经审核同意后，按照国家规定的标准预交森林植被恢复费，领取使用林地审核同意书。用地单位凭使用林地审核同意书依法办理建设用地审批手续。占用或者征用林地未经林业主管部门审核同意的，土地行政主管部门不得受理建设用地申请。

（二）占用或者征用防护林林地或者特种用途林林地面积10公顷以上的，用材林、经济林、薪炭林林地及其采伐迹地面积35公顷以上的，其他林地面积70公顷以上的，由国务院林业主管部门审核；占用或者征用林地面积低于上述规定数量的，由省、自治区、直辖市人民政府林业主管部门审核。占用或者征用重点林区的林地的，由国务院林业主管部门审核。

（三）用地单位需要采伐已经批准占用或者征用的林地上的林木时，应当向林地所在地的县级以上地方人民政府林业主管部门或者国务院林业主管部门申请林木采伐许可证。

（四）占用或者征用林地未被批准的，有关林业主管部门应当自接到不予批准通知之日起 7 日内将收取的森林植被恢复费如数退还。

第十七条 需要临时占用林地的,应当经县级以上人民政府林业主管部门批准。

临时占用林地的期限不得超过两年,并不得在临时占用的林地上修筑永久性建筑物;占用期满后,用地单位必须恢复林业生产条件。

第十八条 森林经营单位在所经营的林地范围内修筑直接为林业生产服务的工程设施,需要占用林地的,由县级以上人民政府林业主管部门批准;修筑其他工程设施,需要将林地转为非林业建设用地的,必须依法办理建设用地审批手续。

前款所称直接为林业生产服务的工程设施是指:

(一)培育、生产种子、苗木的设施;

(二)贮存种子、苗木、木材的设施;

(三)集材道、运材道;

(四)林业科研、试验、示范基地;

(五)野生动植物保护、护林、森林病虫害防治、森林防火、木材检疫的设施;

(六)供水、供电、供热、供气、通讯基础设施。

第三章　森林保护

第十九条 县级以上人民政府林业主管部门应当根据森林病虫害测报中心和测报点对测报对象的调查和监测情况,定期发布长期、中期、短期森林病虫害预报,并及时提出防治方案。

森林经营者应当选用良种,营造混交林,实行科学育林,提高防御森林病虫害的能力。

发生森林病虫害时，有关部门、森林经营者应当采取综合防治措施，及时进行除治。

发生严重森林病虫害时，当地人民政府应当采取紧急除治措施，防止蔓延，消除隐患。

第二十条 国务院林业主管部门负责确定全国林木种苗检疫对象。省、自治区、直辖市人民政府林业主管部门根据本地区的需要，可以确定本省、自治区、直辖市的林木种苗补充检疫对象，报国务院林业主管部门备案。

第二十一条 禁止毁林开垦、毁林采种和违反操作技术规程采脂、挖笋、掘根、剥树皮及过度修枝的毁林行为。

第二十二条 25度以上的坡地应当用于植树、种草。25度以上的坡耕地应当按照当地人民政府制定的规划，逐步退耕，植树和种草。

第二十三条 发生森林火灾时，当地人民政府必须立即组织军民扑救；有关部门应当积极做好扑救火灾物资的供应、运输和通讯、医疗等工作。

第四章　植树造林

第二十四条 森林法所称森林覆盖率，是指以行政区域为单位森林面积与土地面积的百分比。森林面积，包括郁闭度0.2以上的乔木林地面积和竹林地面积、国家特别规定的灌木林地面积、农田林网以及村旁、路旁、水旁、宅旁林木的覆盖面积。

县级以上地方人民政府应当按照国务院确定的森林覆盖率奋斗目标，确定本行政区域森林覆盖率的奋斗目标，并组织实施。

第二十五条 植树造林应当遵守造林技术规程，实行科学造林，提高林木的成活率。

县级人民政府对本行政区域内当年造林的情况应当组织检查验收，除国家特别规定的干旱、半干旱地区外，成活率不足百分之八十五的，不得计入年度造林完成面积。

第二十六条 国家对造林绿化实行部门和单位负责制。

铁路公路两旁、江河两岸、湖泊水库周围，各有关主管单位是造林绿化的责任单位。工矿区，机关、学校用地，部队营区以及农场、牧场、渔场经营地区，各该单位是造林绿化的责任单位。

责任单位的造林绿化任务，由所在地的县级人民政府下达责任通知书，予以确认。

第二十七条 国家保护承包造林者依法享有的林木所有权和其他合法权益。未经发包方和承包方协商一致，不得随意变更或者解除承包造林合同。

第五章　森林采伐

第二十八条 国家所有的森林和林木以国有林业企业事业单位、农场、厂矿为单位，集体所有的森林和林木、个人所有的林木以县为单位，制定年森林采伐限额，由省、自治区、直辖市人民政府林业主管部门汇总、平衡，经本级人民政府审核后，报国务院批准；其中，重点林区的年森林采伐限额，由国务院林业主管部门报国务院批准。

国务院批准的年森林采伐限额，每5年核定一次。

第二十九条 采伐森林、林木作为商品销售的，必须纳入国家年度木材生产计划；但是，农村居民采伐自留山上个人所有的薪炭林和自留地、房前屋后个人所有的零星林木除外。

第三十条 申请林木采伐许可证，除应当提交申请采伐林木的所有权证书或者使用权证书外，还应当按照下列规定提交其他有关证明文件：

（一）国有林业企业事业单位还应当提交采伐区调查设计文件和上年度采伐更新验收证明；

（二）其他单位还应当提交包括采伐林木的目的、地点、林种、林况、面积、蓄积量、方式和更新措施等内容的文件；

（三）个人还应当提交包括采伐林木的地点、面积、树种、株数、蓄积量、更新时间等内容的文件。

因扑救森林火灾、防洪抢险等紧急情况需要采伐林木的，组织抢险的单位或者部门应当自紧急情况结束之日起30日内，将采伐林木的情况报告当地县级以上人民政府林业主管部门。

第三十一条 有下列情形之一的，不得核发林木采伐许可证：

（一）防护林和特种用途林进行非抚育或者非更新性质的采伐的，或者采伐封山育林期、封山育林区内的林木的；

（二）上年度采伐后未完成更新造林任务的；

（三）上年度发生重大滥伐案件、森林火灾或者大面积严重森林病虫害，未采取预防和改进措施的。

林木采伐许可证的式样由国务院林业主管部门规定，由省、自治区、直辖市人民政府林业主管部门印制。

第三十二条 除森林法已有明确规定的外，林木采伐许可证按照下列规定权限核发：

（一）县属国有林场，由所在地的县级人民政府林业主管部门核发；

（二）省、自治区、直辖市和设区的市、自治州所属的国有林业企业事业单位、其他国有企业事业单位，由所在地的省、自治区、直辖市人民政府林业主管部门核发；

（三）重点林区的国有林业企业事业单位，由国务院林业主管部门核发。

第三十三条 利用外资营造的用材林达到一定规模需要采伐的,应当在国务院批准的年森林采伐限额内,由省、自治区、直辖市人民政府林业主管部门批准,实行采伐限额单列。

第三十四条 在林区经营(含加工)木材,必须经县级以上人民政府林业主管部门批准。

木材收购单位和个人不得收购没有林木采伐许可证或者其他合法来源证明的木材。

前款所称木材,是指原木、锯材、竹材、木片和省、自治区、直辖市规定的其他木材。

第三十五条 从林区运出非国家统一调拨的木材,必须持有县级以上人民政府林业主管部门核发的木材运输证。

重点林区的木材运输证,由省、自治区、直辖市人民政府林业主管部门核发;其他木材运输证,由县级以上地方人民政府林业主管部门核发。

木材运输证自木材起运点到终点全程有效,必须随货同行。没有木材运输证的,承运单位和个人不得承运。

木材运输证的式样由国务院林业主管部门规定。

第三十六条 申请木材运输,应当提交下列证明文件:

(一)林木采伐许可证或者其他合法来源证明;

(二)检疫证明;

(三)省、自治区、直辖市人民政府林业主管部门规定的其他文件。

符合前款条件的,受理木材运输证申请的县级以上人民政府林业主管部门应当自接到申请之日起3日内发给木材运输证。

依法发放的木材运输证所准运的木材运输总量,不得超过当地年度木材生产计划规定可以运出销售的木材总量。

第三十七条 经省、自治区、直辖市人民政府批准在林区设立的木材检查站，负责检查木材运输；无证运输木材的，木材检查站应当予以制止，可以暂扣无证运输的木材，并立即报请县级以上人民政府林业主管部门依法处理。

第六章　法律责任

第三十八条　盗伐森林或者其他林木，以立木材积计算不足0.5立方米或者幼树不足20株的，由县级以上人民政府林业主管部门责令补种盗伐株数10倍的树木，没收盗伐的林木或者变卖所得，并处盗伐林木价值3倍至5倍的罚款。

盗伐森林或者其他林木，以立木材积计算0.5立方米以上或者幼树20株以上的，由县级以上人民政府林业主管部门责令补种盗伐株数10倍的树木，没收盗伐的林木或者变卖所得，并处盗伐林木价值5倍至10倍的罚款。

第三十九条　滥伐森林或者其他林木，以立木材积计算不足2立方米或者幼树不足50株的，由县级以上人民政府林业主管部门责令补种滥伐株数5倍的树木，并处滥伐林木价值2倍至3倍的罚款。

滥伐森林或者其他林木，以立木材积计算2立方米以上或者幼树50株以上的，由县级以上人民政府林业主管部门责令补种滥伐株数5倍的树木，并处滥伐林木价值3倍至5倍的罚款。

超过木材生产计划采伐森林或者其他林木的，依照前两款规定处罚。

第四十条　违反本条例规定，未经批准，擅自在林区经营（含加工）木材的，由县级以上人民政府林业主管部门没收非法经营的木材和违法所得，并处违法所得2倍以下的罚款。

第四十一条　违反本条例规定，毁林采种或者违反操作技术规程采脂、挖笋、掘根、剥树皮及过度修枝，致使森林、林木受到毁坏的，依法赔偿损失，由县级以上人民政府林业主管部门责令停止违法行为，补种毁坏株数1倍至3倍的树木，可以处毁坏林木价值1倍至5倍的罚款；拒不补种树木或者补种不符合国家有关规定的，由县级以上人民政府林业主管部门组织代为补种，所需费用由违法者支付。

违反森林法和本条例规定，擅自开垦林地，致使森林、林木受到毁坏的，依照森林法第四十四条的规定予以处罚；对森林、林木未造成毁坏或者被开垦的林地上没有森林、林木的，由县级以上人民政府林业主管部门责令停止违法行为，限期恢复原状，可以处非法开垦林地每平方米10元以下的罚款。

第四十二条 有下列情形之一的，由县级以上人民政府林业主管部门责令限期完成造林任务；逾期未完成的，可以处应完成而未完成造林任务所需费用2倍以下的罚款；对直接负责的主管人员和其他直接责任人员，依法给予行政处分：

（一）连续两年未完成更新造林任务的；

（二）当年更新造林面积未达到应更新造林面积50%的；

（三）除国家特别规定的干旱、半干旱地区外，更新造林当年成活率未达到85%的；

（四）植树造林责任单位未按照所在地县级人民政府的要求按时完成造林任务的。

第四十三条 未经县级以上人民政府林业主管部门审核同意，擅自改变林地用途的，由县级以上人民政府林业主管部门责令限期恢复原状，并处非法改变用途林地每平方米10元至30元的罚款。

临时占用林地，逾期不归还的，依照前款规定处罚。

第四十四条 无木材运输证运输木材的，由县级以上人民政府林业主管部门没收非法运输的木材，对货主可以并处非法运输木材价款30%以下的罚款。

运输的木材数量超出木材运输证所准运的运输数量的，由县级以上人民政府林业主管部门没收超出部分的木材；运输的木材树种、材种、规格与木材运输证规定不符又无正当理由的，没收其不相符部分的木材。

使用伪造、涂改的木材运输证运输木材的，由县级以上人民政府林业主管部门没收非法运输的木材，并处没收木材价款10%至50%的罚款。

承运无木材运输证的木材的，由县级以上人民政府林业主管部门没收运费，并处运费1倍至3倍的罚款。

第四十五条　擅自移动或者毁坏林业服务标志的，由县级以上人民政府林业主管部门责令限期恢复原状；逾期不恢复原状的，由县级以上人民政府林业主管部门代为恢复，所需费用由违法者支付。

第四十六条　违反本条例规定，未经批准，擅自将防护林和特种用途林改变为其他林种的，由县级以上人民政府林业主管部门收回经营者所获取的森林生态效益补偿，并处所获取森林生态效益补偿3倍以下的罚款。

第七章　附　则

第四十七条　本条例中县级以上地方人民政府林业主管部门职责权限的划分，由国务院林业主管部门具体规定。

第四十八条　本条例自发布之日起施行。1986年4月28日国务院批准、1986年5月10日林业部发布的《中华人民共和国森林法实施细则》同时废止。

附　录

林业标准化管理办法

中华人民共和国国家林业局令

第26号

《国家林业局关于废止和修改部分部门规章的决定》已经2011年1月25日国家林业局局务会议审议通过，现予公布，自公布之日起施行。

国家林业局局长
2011年1月25日

（2003年7月21日国家林业局令第9号发布；根据2011年1月25日国家林业局令第26号修改）

第一章　总　则

第一条　为了加强林业标准化工作，促进林业生态建设和产业发展，根据《中华人民共和国标准化法》和国家标准化工作的有关规定，制定本办法。

第二条　本办法所称林业标准化工作，包括制定和修订林业标准，组织实施林业标准，对林业标准的实施进行监督。

第三条 凡下列需要统一的林业技术要求,应当制定林业标准(含标准样品)。

(一)林业技术术语,以及与林业有关的符号、代号(含代码)、图例、图标;

(二)林业生态工程建设和林业生产施工与作业过程中对保障人体健康和人身、财产安全的技术要求,包括环境保护的技术要求;

(三)林业生态工程建设和林业生产的勘查、规划、设计、施工作业及其验收的技术要求和方法,包括营造林生产技术要求;

(四)森林、野生动植物、湿地和荒漠资源经营、管理、保护与综合利用技术要求;

(五)森林、野生动植物、湿地资源、荒漠化和沙化土地调查、监测与信息化管理技术要求和方法;

(六)林业生产所需原料、材料以及林业行业特有的药品、设备、机具的技术要求;

(七)林业产品、林木种苗的质量、安全、卫生要求和试验、检验方法以及包装、储存、运输的技术要求;

(八)森林防火与森林病虫害防治的技术要求,森林、野生动植物检疫、检验方法和技术要求;

(九)数字化林业和信息化管理技术要求和方法;

(十)自然保护区建设管理技术要求;

(十一)森林风景资源调查、规划、保护与开发利用的技术要求和方法;

(十二)其他需要统一的林业技术要求。

第四条 符合下列情形之一的项目,可制定林业标准化指导性技术文件:

(一)技术尚在发展中,需要有相应的标准文件引导其发展或

者具有标准化价值,尚不能制定为标准的项目;

(二)采用国际标准化组织、国际电工委员会以及其他国际组织(包括区域性国际组织)的技术报告的项目。

第五条 林业国家标准、林业行业标准分为强制性标准和推荐性标准。

下列标准为强制性标准:

(一)森林食品卫生标准、用于森林和野生动植物生长发育、森林防火以及森林病虫害防治的化学制品标准;

(二)林业生态工程建设和林业生产、狩猎场建设的安全与卫生(含劳动安全)标准,林产品生产及其储存运输、使用过程中的安全与卫生(含劳动安全)标准;

(三)森林动植物检疫标准;

(四)重要的涉及技术衔接的通用技术术语、符号、代号(含代码)、文件格式和制图方法;

(五)林业生产、野生动植物管理需要控制的通用试验、检验方法及技术要求;

(六)野生动物或者其产品的标记方法和标准;

(七)野生动物园动物饲养技术要求和安全标准;

(八)涉及人身安全的森林防火、森林病虫害防治专用设备、机具的质量标准;

(九)林业生产需要控制的其他重要产品标准。

上述标准以外的标准为推荐性标准。

强制性标准分为全文强制和条文强制两种类型。标准的全部技术内容需要强制的,为全文强制;标准中部分技术内容需要强制的,为条文强制。

第六条 县级以上人民政府林业行政主管部门和林业企事业单位应当将标准化工作纳入本部门、本单位的科技发展规划和计划，普及标准化知识，增强标准化意识。

第二章 组织机构与职责分工

第七条 国家林业局负责全国林业标准化工作的管理、监督和协调。主要职责是：

（一）贯彻国家标准化工作的法律、法规、方针、政策，制定和修订林业标准化规章和制度；

（二）编制林业行业的标准化工作规划、计划和林业标准体系框架；

（三）组织拟订林业国家标准；

（四）组织制定、审批、发布林业行业标准；

（五）组织实施林业标准并对林业标准的实施情况进行监督检查；

（六）管理林业标准化示范工作；

（七）根据国务院标准化行政主管部门的授权建立林业行业产品质量检验和认证机构，开展林产品质量检验和认证工作；

（八）指导省、自治区、直辖市人民政府林业行政主管部门的标准化工作；

（九）负责林业行业的国际标准化工作，组织参加有关国际标准化活动；

（十）负责林业专业标准化技术委员会及林业标准化技术归口单位的领导与管理。

第八条 省、自治区、直辖市人民政府林业行政主管部门负责本行政区域内的林业标准化管理工作。主要职责是：

（一）贯彻国家标准化工作的法律、法规、方针、政策，制定贯彻实施的具体办法；

（二）编制林业标准化工作规划和年度计划；

（三）组织拟订林业地方标准；

（四）组织开展林业标准化人员培训；

（五）组织实施林业标准并监督检查；

（六）组织、指导林业标准化示范工作；

（七）指导下级人民政府林业行政主管部门的标准化工作。

第九条 设区的市、自治州人民政府林业行政主管部门和县级人民政府林业行政主管部门按照省、自治区、直辖市人民政府规定的职责，管理本行政区域的标准化工作。

第十条 国家统一规划组建的全国林业专业标准化技术委员会，是专门从事林业标准化工作的技术组织，负责在林业专业范围内开展标准化技术工作。主要职责是：

（一）制定本专业标准体系表；

（二）提出本专业拟订或者修订的国家标准，制定和修订行业标准的规划以及年度计划项目的建议；

（三）协助组织本专业范围内的标准拟订、制定、修订和复审工作，协调解决有关技术问题；

（四）承担相应的国际标准化技术业务工作；

（五）审查上报本专业的标准草案，对标准草案提出审查结论意见并对标准涉及的技术问题负责；

（六）根据国家林业局的委托，在产品质量监督、检验、认证等工作中承担本专业标准化范围内产品质量标准水平的评价工作，以及本专业引进项目的标准化审查工作；

（七）开展本专业标准宣传、贯彻和技术咨询服务等工作。

全国林业专业标准化技术委员会的组成人员应当有行政管理机构的科技管理人员参加。

国家林业局根据需要确定的林业标准化技术归口单位，参照全国林业专业标准化技术委员会的职责承担相应的标准化技术工作。

第三章 林业标准的计划管理

第十一条 林业国家标准计划按照《国家标准管理办法》的规定进行编制。

林业行业标准计划按照以下规定编制：

（一）国家林业局按照国家标准计划项目的编制原则和要求，根据林业建设的实际情况，提出编制林业行业标准计划项目的原则和要求；

（二）林业专业标准化技术委员会或者林业标准化技术归口单位应当在林业标准体系框架内，根据林业建设实际以及企事业单位、社会中介组织和个人的意见，提出林业标准计划项目的建议报国家林业局；

（三）国家林业局经汇总、协调后，组织实施林业行业标准项目年度计划。

第十二条 对于国家标准、行业标准未作规定的或者规定不全的技术要求，省、自治区、直辖市人民政府林业行政主管部门可依法向本省、自治区、直辖市人民政府标准化行政主管部门提出编制林业地方标准项目计划的建议。

第十三条 没有林业国家标准、行业标准和地方标准的，企业应当制定企业标准。

国家标准、行业标准、地方标准已有规定的，鼓励企业制定严于上述标准要求的企业标准。

第十四条 先于国家标准、行业标准制定实施的林业地方标准、企业标准，在国家标准、行业标准正式发布后，应当作相应的修改或者终止执行。但严于国家标准、行业标准的企业标准除外。

第十五条 林业标准计划项目承担单位对林业标准计划项目

经费，必须专款专用。任何单位或者个人不得截留和挪用。

第十六条 有下列情形之一的，可以对已经下达的林业标准计划项目进行调整：

（一）确属急需的林业标准项目可以申请增补；

（二）确属特殊情况，对林业标准计划项目的内容，包括项目名称、标准内容、主要起草单位和主要起草人等，可以申请调整；

（三）确属不宜制定林业标准的计划项目应当申请撤销。

第十七条 需要调整的林业国家标准计划项目，由起草单位填写林业国家标准计划项目调整申请表报国家林业局，经审查同意后，报国务院标准化行政主管部门批准；需要调整的林业行业标准计划项目由起草单位填写林业行业标准计划项目调整申请表，报国家林业局批准。

调整的林业标准计划项目未获批准时，应当按照原定计划执行。

第四章 林业标准的制定

第十八条 国家林业局主管标准化工作的机构应当按照林业标准计划与林业标准计划项目起草单位签订林业标准制（修）订项目合同。

第十九条 全国林业专业标准化技术委员会或者林业标准化技术归口单位应当按照国家林业局下达的林业标准计划项目组织实施，定期检查林业标准计划项目的进展情况，并采取有效措施保证起草单位按计划完成任务。

第二十条 起草单位应当成立标准起草小组。标准起草小组按照《标准化工作导则》的规定起草标准征求意见稿，编写编制说明及有关附件。

编制说明应当包括以下内容：

（一）工作简况，包括任务来源、协作单位、主要工作过程、标准主要起草人及承担的工作；

（二）标准的编制原则和标准的主要内容（技术指标、参数、公式、性能要求、试验方法、检验规则等）、论据（包括试验、统计数据）、修订标准时的新旧标准主要技术指标的对比情况；

（三）主要试验或者验证的分析、综述报告，技术经济论证结论，预期的经济效益；

（四）采用国际标准和国外先进标准的程度，以及与国际、国外同类标准水平的对比情况，或者与测试的国外样品、样机的有关数据对比情况；

（五）与有关现行法律、法规和强制性国家标准、行业标准的关系；

（六）重大分歧意见的处理经过和依据；

（七）作为强制性标准或者推荐性标准的建议；

（八）贯彻标准的要求、措施和建议，包括组织措施、技术措施、过渡办法等内容；

（九）废止现行有关标准的建议；

（十）其他应予说明的事项。

对需要有标准样品对照的林业标准，应当在审定标准前制备出相应的标准样品。

第二十一条 起草单位应当征求生产、管理、科研、检验、质量监督、经销、使用等单位及大专院校对林业标准征求意见稿的意见。涉及人身安全和健康的林业标准应当公开征求公众意见。

第二十二条 起草单位应当根据征集的意见对林业标准征求意见稿进行修改，提出林业标准送审稿、标准编制说明及其它附件送林业专业标准化技术委员会或者林业标准化技术归口单位审查。

第二十三条 林业标准送审稿由林业专业标准化技术委员会按照国家有关规定组织审查；未成立林业专业标准化技术委员会的，由国家林业局或者其委托的林业标准化技术归口单位按照本办法第二十四、二十五条的规定组织审查。

第二十四条 国家林业局或者其委托的林业专业标准化技术归口单位组织林业标准审查时，应当有生产、设计、管理、科研、质量监督、检验、经销、使用等单位及大专院校的代表参加，其中使用方面的代表不应少于参加审查人员总数的四分之一。

第二十五条 林业标准的审查可采用会议审查或函审，具体审查方式由组织者决定。对技术、经济影响大，涉及面广的林业标准应当采用会议审查。

采用会议审查，组织者应当在会议前一个月将林业标准送审稿、编制说明及有关附件、意见汇总处理表等提交给参加标准审查会议的部门、单位和人员。采用函审，组织者应当在函审表决前两个月将函审通知和上述文件及林业标准送审稿函审单提交给参加函审的部门、单位和人员。

标准的起草人不能参加表决，其所在单位的代表不能超过参加表决者的四分之一。会议审查必须有不少于出席会议代表人数的四分之三同意为通过；函审，必须有四分之三的回函同意为通过。会议代表出席率及函审回函率不足三分之二时，应当重新组织审定。

会议审查，应当由组织者写出会议纪要，并附具参加审查会议的人员名单。函审应当写出函审结论，并附函审单。

会议纪要应当如实反映审查会审查情况，内容包括对本办法第二十条第（二）至（十）项内容的评定结论。

第二十六条 起草单位应当根据审查会或者函审专家的意见对送审稿进一步修改完善，形成下列林业标准报批材料，报送相应专业的林业专业标准化技术委员会或者林业标准化技术归口单位。

（一）林业标准审报单；

（二）标准报批稿；

（三）标准编制说明及有关附件；

（四）审查会会议纪要和会议代表名单，或者函审单和函审结论；

（五）意见汇总处理表及其对应标准草案；

（六）被采用的国际标准或者国外先进标准原文（复印件）和译文；

（七）符合印刷、制版要求的插图与附图；

（八）含标准报批稿和编制说明的软盘。

前款规定的报批材料，（一）至（五）项的材料按照顺序装订成册，国家标准一式6份，行业标准一式4份，（六）、（七）、（八）项的材料各1份。

第二十七条　林业专业标准化技术委员会或林业标准化技术归口单位收到林业标准报批材料后应当进行审核；对于符合报批条件的林业标准报批稿，林业专业标准化技术委员会或林业标准化技术归口单位应当填写林业标准报批签署单后，报国家林业局。

第二十八条　林业标准的修改按照本章有关规定进行。

第五章　林业标准的审批与发布

第二十九条　林业国家标准由国务院标准化行政主管部门审批、编号、发布。

林业行业标准由国家林业局审批、编号、发布，并报国务院标准化行政主管部门备案。

林业地方标准由地方标准化行政主管部门审批、编号、发布，并报国务院标准化行政主管部门和国家林业局备案。

企业标准的编号、审批、发布由企业自定，并按省、自治区、直辖市人民政府的规定备案。

第三十条 制定林业标准过程中形成的有关资料，应当按照标准档案管理规定的要求归档。

第六章 林业标准的实施与监督

第三十一条 县级人民政府林业行政主管部门应当按照本办法和有关规定开展林业标准化示范工作，并对标准的实施进行监督检查。

第三十二条 林业建设工程应当按标准设计、按标准施工、按标准验收。

第三十三条 林业标准发布后，林业企业、事业单位应当根据本单位科研、生产管理的需要组织培训，贯彻实施。

第三十四条 企业应当按标准组织生产，按标准进行检验。经检验符合标准的产品由企业质量检验部门签发合格证。产品或其说明书、包装物上应标注所执行标准的编号。

第三十五条 企业新产品的设计和鉴定，技术引进和设备进口均应当按有关标准或者参照相关标准进行标准化审查。

第三十六条 对技术水平高、取得显著效益的林业标准，可以按照规定申报科技奖励。

第七章 林业标准复审

第三十七条 林业标准实施后，应当根据科学技术的发展和经济建设的需要适时进行复审。

林业标准的复审由国家林业局组织有关单位进行。

林业国家标准和林业行业标准的复审周期一般不超过五年；

指导性技术文件发布三年内必须复审，以决定其继续有效、转化为标准或者撤销。

第三十八条　林业标准复审按下列情况分别处理：

（一）不需要修改的标准确认继续有效。确认继续有效的标准不改动顺序号和年号。当标准再版时，在标准封面的标准编号下注明"XXXX年确认有效"字样。

（二）需要修改的标准作为修订项目，列入计划。修订的标准顺序号不变，只把年号改为修订年号。

（三）无存在必要的标准，予以废止。

第八章　附　则

第三十九条　林业地方标准、企业标准除本办法已有规定的以外，按照有关法律、法规和规章的规定管理。

第四十条　本办法中有关表格的样式由国家林业局另行制定。

第四十一条　本办法自2003年9月1日起施行。

国家林业局行政许可文书办理暂行规则

国家林业局办公室关于印发《国家林业局
行政许可文书办理暂行规则》的通知
办策发〔2005〕8号

各司局、有关直属单位：

现将《国家林业局行政许可文书办理暂行规则》予以印发，请遵照执行。

国家林业局
二〇〇五年一月三十一日

第一章

第一条 为了使国家林业局行政许可管理工作制度化、规范化，提高工作质量和效率，根据《国家林业局行政许可工作管理办法》、《国家林业局行政许可印章刻制、使用管理实施意见》的有关规定，制定本规则。

第二条 行政许可文书应当依照高效、方便、公开、相互支持与积极配合的原则进行办理。

第三条 国家林业局行政许可工作管理办公室（以下简称"管理办公室"）负责行政许可文书的规范管理。

在京的行政许可承办单位（以下简称"承办单位"）办理行政许可文书适用本规则。

第二章

第四条 承办单位办理行政许可文书必须使用国家林业局统

一式样的文书标识纸。

第五条 国家林业局行政许可文书标识纸的印制由管理办公室统一办理。

第六条 国家林业局行政许可文书按《国家林业局行政许可文书种类》实行分类编号。

第七条 行政许可文书需加盖"国家林业局"印章的,应当附具局领导签署同意的《国家林业局行政许可项目签报单》;需加盖"国家林业局行政许可文书专用章"的,应当附具承办单位领导签署同意的《国家林业局行政许可项目处理单》。

第三章

第八条 国家林业局准予或者不予行政许可的决定书,应当加盖"国家林业局"印章。

第九条 国家林业局行政许可受理通知书、不予受理通知书、补正材料通知书、延期许可通知书及需要听证、招标、拍卖、检验、检测、检疫、鉴定和专家评审通知书等文书,应当加盖"国家林业局行政许可文书专用章"。

第十条 行政许可文书需加盖"国家林业局"印章的,经承办单位领导审核后,应当按照局有关规定,报局领导批准。

行政许可证书(证件),需要加盖"国家林业局"印章的,凭国家林业局准予行政许可决定书办理。

第十一条 行政许可文书需加盖"国家林业局行政许可文书专用章"的,应当经承办单位领导审签。

第十二条 管理办公室应当指定专人管理、使用行政许可文书专用章和办理加盖"国家林业局"印章事宜。

第十三条 承办单位应当指派专人到管理办公室办理行政许可文书盖章事宜。

第十四条 承办单位受理送达室收到行政许可申请后,应当在申请文件上加盖"国家林业局行政许可收文"章并注明日期。

承办单位在加盖"国家林业局"印章和"国家林业局行政许可文书专用章"前,应当对有关行政许可文书的内容进行审核,确认无误后到管理办公室办理。

第十五条 管理办公室在加盖印章时,应当对行政许可文书进行程序审核。

第十六条 行政许可文书加盖"国家林业局"印章和"国家林业局行政许可文书专用章"的,管理办公室应当填写《国家林业局行政许可文书印章使用登记表》,并留存一份行政许可文书备案。

第十七条 行政许可文书由承办单位负责立卷、归档。

第四章

第十八条 承办单位应当于每月10日前向管理办公室上报《国家林业局行政许可情况统计表》。

管理办公室根据备案文书每月对国家林业局行政许可办理情况进行统计,并进行核准后,将统计结果在局域网站上进行公告。

第十九条 京外承办单位应当参照本规则制定工作规则。

第二十条 本规则从2005年2月1日起实施。

第二十一条 本规则由国家林业局行政许可工作管理办公室负责解释。

北京市森林资源保护管理条例

(1999年9月16日北京市第十一届人民代表大会常务委员会第13次会议通过;根据2010年12月23日北京市第十三届人民代表大会常务委员会第22次会议《关于修改部分地方性法规的决定》修正)

第一章 总 则

第一条 为了保护、管理和合理利用森林资源,巩固绿化成果,改善生态环境,根据《中华人民共和国森林法》,结合本市实际情况,制定本条例。

第二条 本条例适用于本市行政区域内森林、林木、林地等森林资源的保护管理。

绿化的规划、建设、保护、监督和管理,依照《北京市绿化条例》执行。

第三条 市和区、县林业行政主管部门主管本行政区域内森林资源保护管理工作。乡、镇林业工作站在乡、镇人民政府的领导下,负责本乡、镇的森林资源保护管理工作。

乡、镇林业工作站受区、县林业行政主管部门的业务指导。

第四条 森林资源所有者和使用者的合法权益受法律保护,任何单位和个人不得侵犯。

第五条 本市根据国家规定,建立林业基金和森林生态效益补偿基金。

第六条 森林资源实行分类经营,森林和林木划分为生态公益林和商品林。

生态公益林包括防护林和特种用途林;商品林包括经济林、

用材林和薪炭林。生态公益林范围的划定由区、县林业行政主管部门提出方案,经市林业行政主管部门审核,报市人民政府批准。

生态公益林建设纳入本市国家基本建设项目计划;人民政府对营造商品林给予扶持。

第七条 市和区、县林业行政主管部门每五年进行一次森林资源清查,掌握森林资源消长情况,建立森林资源档案。

第八条 本市森林公安机关负责保护辖区内的森林资源,依法行使行政处罚权。

第九条 村民委员会或者农村集体经济组织以及国有林场、铁路、公路、水利、矿务、园林等有林单位应当建立护林组织,划定护林责任区,订立护林公约,配备护林员。

第十条 任何单位和个人不得破坏森林资源,对破坏森林资源的行为有权进行劝阻、检举和控告。

第十一条 本市各级人民政府对在森林资源保护管理工作中做出突出贡献的单位或者个人,给予表彰或者奖励。

第二章 权属管理

第十二条 森林、林木,按照下列规定确定权属:

(一)国家所有的土地上自然生长的森林、林木,所有权属于国家,经营单位按规定支配林木收益;

(二)国有企业事业单位、机关、团体、部队营造的林木,由营造单位经营,并按照国家规定支配林木收益;

(三)法律、法规规定属于集体所有的森林、林木和集体所有制单位营造的森林、林木,归该单位所有;

(四)单位与单位、单位与个人、个人与个人合作营造的森林、林木,归合作各方共有;

(五)在国家所有的土地上义务栽植的林木,归国家所有;在集体所有的土地上义务栽植的林木，归该集体所有；

（六）承包林地、租赁荒山、荒滩栽植的林木，归承包方、承租方所有，合同另有约定的，按合同规定确定林木所有权；

（七）私营企业事业单位在其合法使用的土地上营造的林木，归该单位所有；

（八）农村居民在房前屋后、自留地、自留山上栽植的林木，归该农村居民所有。

林地所有权和使用权依照有关法律、法规确定。

第十三条　国家所有和集体所有的森林、林木、林地，个人所有的林木和使用的林地，由区、县人民政府登记造册，发放证书，确认所有权或者使用权。

市人民政府可以授权市林业行政主管部门对跨区、县的国有林场经营的森林、林木和林地登记造册，发放证书，并通知有关区、县人民政府。

第十四条　林木、林地所有权和使用权发生争议，依照《中华人民共和国森林法》和有关法律、法规的规定处理。在林木、林地权属争议解决以前，任何一方不得砍伐有争议的林木。

第十五条　用材林、经济林、薪炭林以及用材林、经济林、薪炭林的林地、火烧迹地、采伐迹地的林地使用权，可以依法转包、转让、互换、作价入股或者作为合资、合作造林、经营林木的出资、合作条件，但不得将林地改为非林地。

森林、林木、林地使用权流转，双方当事人应当持林权证书、森林资源资产评估文件、合同文本等有关资料到市或者区、县林业行政主管部门办理权属变更登记。

第十六条　利用森林资源开发旅游项目的，应当持林权证书、开发规划、保护森林资源方案及其评估意见和其他有关文件，向市或者区、县林业行政主管部门提出申请，经批准后，方可办理其他手续。

第十七条 本市对林地用途实行管制，严格限制将林地改为非林地。

建设工程和勘查、采矿征收、征用或者占用林地的，须经市林业行政主管部门审核同意，核定林木和地上物补偿费，依照土地管理法律、法规办理征收、征用或者占用手续。

征收、征用或者占用林地，用地单位应当按照规定缴纳森林植被恢复费，专款用于植树造林、森林植被恢复和森林资源管护。

第十八条 未经市林业行政主管部门审核同意并报市人民政府批准，任何单位或者个人不得改变国有林业企业事业单位林木、林地的权属和用途。

第三章 森林防火

第十九条 本市实行森林防火责任制。

各级人民政府应当加强森林防火工作，根据实际需要组织有关部门和当地驻军，设立森林防火指挥部，负责本辖区森林防火工作。

第二十条 林地划分为三级防火区：

一级防火区是指自然保护区、风景游览区、特种用途林地和千亩以上的有林地。

二级防火区是指一级防火区以外的成片有林地。

三级防火区是指护路林、护岸林、宜林地和农田林网。

第二十一条 有林单位应当建设森林防火设施，建立防火组织；一级、二级防火区所在区、县人民政府应当建立森林扑火队。

第二十二条 每年 11 月 1 日至次年 5 月 31 日为本市森林防火期。

森林防火期内，按下列规定实行用火管制：

（一）一级防火区禁止擅自野外用火，并对居民生活用火加强管理；

（二）二级、三级防火区禁止烧荒、点篝火、烧香烧纸、野外烧烤；

（三）在山区林地作业和通行的机动车辆，必须严防漏火、喷火；严禁司乘人员丢弃火种。

因特殊需要在一级防火区生产性用火的，须经区、县人民政府或者区、县森林防火指挥部批准，核发用火许可证。在一级、二级防火区组织大型群众活动的，应当制定防火措施，并报市或者区、县森林防火指挥部批准。

第二十三条　在森林防火期内，根据高温、干旱、大风等天气预报，由市森林防火指挥部确定并公布本市森林高火险期。

在森林高火险期内，各级森林防火区禁止一切野外用火，禁止携带火种进入森林和林地。

第二十四条　任何单位或者个人发现森林火情，应当及时向当地人民政府或者森林防火指挥部报告。当地人民政府或者森林防火指挥部必须立即组织扑救，并迅速逐级上报市森林防火指挥部。

第二十五条　森林公安机关应当加强森林防火工作检查，对有森林火灾隐患的单位，责令限期改正、消除隐患。

第二十六条　森林防火经费纳入各级人民政府的财政预算。

第四章　森林病虫害防治

第二十七条　本市各级林业行政主管部门应当组织建立无检疫对象的林木种苗繁育基地和母树林基地；依法实行产地和调运检疫，防止检疫对象传播；对新传入的危险性病虫害采取封锁和扑灭措施。

营林单位育苗或者造林，不得使用带有危险性病、虫的林木种苗。

第二十八条 森林病虫害防治机构应当加强森林病虫害的预测预报，发布森林病虫害趋势预报，提出防治方案。

第二十九条 森林病虫害防治，按照"谁经营、谁防治"的原则，由营林单位或者个人负责。

发生暴发性或者危险性的森林病虫害时，当地人民政府应当根据实际需要，组织有关部门建立森林病虫害防治临时指挥机构，采取紧急除治措施。

第三十条 生态公益林病虫害防治费用纳入市和区、县财政预算，商品林病虫害防治费用由营林单位或者个人负担。

发生大面积暴发性和危险性的森林病虫害，由市或者区、县人民政府和营林单位或者个人共同负担防治费用。

第五章 森林采伐

第三十一条 禁止采伐具有特殊保护价值的天然林，其他森林、林木采伐应当严格控制，实行限额管理。

市和区、县林业行政主管部门必须在采伐限额内核发采伐许可证，不得超限额审批。

采伐单位或者个人必须按采伐许可证规定的数量、地点、树种进行采伐，不得超采。

第三十二条 采伐林木必须申请林木采伐许可证；农村居民采伐自留地、房前屋后个人所有的零星林木以及采伐薪炭林除外。

市林业、公路、铁路、水利、矿务等部门和部队采伐林木，由市林业行政主管部门核发林木采伐许可证；其他机关及企业事业单位、团体、组织或者个人采伐林木，由所在区、县林业行政主管部门核发林木采伐许可证。

采伐林木的审批权限由市人民政府规定。

林木采伐许可证由市林业行政主管部门统一印制。

第三十三条 每年 10 月 15 日至次年 3 月 31 日为本市林木采伐期。采伐森林和林木必须遵守下列规定：

（一）成熟的用材林应当根据不同情况，分别采取择伐、皆伐和渐伐方式，皆伐应当严格控制，并在采伐的当年或者次年内完成更新造林；

（二）防护林和特种用途林中的国防林、母树林、环境保护林、风景林、实验林，只准进行抚育和更新性质的采伐；

（三）特种用途林中的名胜古迹和革命纪念地的林木、自然保护区的森林，禁止采伐。

在非采伐期内，因特殊情况需要采伐林木，须经市林业行政主管部门批准，法律、法规另有规定的除外。

第三十四条 国有林场申请林木采伐许可证时，必须持林权证书并提交伐区调查设计文件和国家规定的其他文件。其他单位申请林木采伐许可证时，必须持林权证书并提交具有采伐目的、地点、林种、树种、林龄、株数（或者面积）、蓄积、方式、更新抚育措施等内容的文件和国家规定的其他文件。

第三十五条 采伐林木的单位或者个人，必须按照国家有关规定缴纳育林费。

第三十六条 因特殊情况需要移植林木的，应当经市或者区、县林业行政主管部门批准，并按照有关技术规范施工。

第三十七条 根据国家规定设立的木材检查站，应当加强木材运输检查和森林植物检疫检查。

第三十八条 禁止毁林开垦和毁林采石、挖砂、取土、筑坟、堆物堆料及其他毁林行为。

禁止在幼林地、特种用途林地和封山育林区内砍柴、放牧。

第六章　法律责任

第三十九条　盗伐森林或者其他林木的，依法赔偿损失；由市或者区、县林业行政主管部门责令补种盗伐株数 10 倍的树木，没收盗伐的林木或者变卖所得，并处盗伐林木价值 3 倍以上 10 倍以下的罚款。

滥伐森林或者其他林木，由市或者区、县林业行政主管部门责令补种滥伐株数 5 倍的树木，并处滥伐林木价值 2 倍以上 5 倍以下的罚款。

盗伐、滥伐森林或者其他林木，构成犯罪的，依法追究刑事责任。

第四十条　违反本条例第十五条、第十七条规定，擅自将林地改为非林地的，由市或者区、县林业行政主管部门责令停止违法行为；未经批准将林地改为建设用地的，由土地行政主管部门按照有关法律、法规的规定处理。

第四十一条　违反本条例第十六条规定，未经市或者区、县林业行政主管部门批准，擅自利用森林资源开发旅游项目造成林木损害的，由市或者区、县林业行政主管部门责令停止经营，没收违法所得，可以并处 5000 元至 5 万元的罚款。

第四十二条　违反本条例第二十二条、第二十三条用火规定的，按照《森林防火条例》有关规定处罚。

第四十三条　违反本条例第二十五条规定，未在规定期限内消除森林火灾隐患的，由市或者区、县林业行政主管部门对单位处以 500 元以上 2000 元以下的罚款，对责任人可以处 500 元以下的罚款。

第四十四条　违反本条例第二十七条、第二十九条规定的，按照《森林病虫害防治条例》有关规定处罚。

第四十五条 违反本条例第三十一条规定,超过批准的年采伐限额发放林木采伐许可证、越权发放林木采伐许可证的,由上一级林业行政主管部门责令纠正,对直接负责的主管人员和其他直接责任人员依法给予行政处分;构成犯罪的,依法追究刑事责任。

第四十六条 违反本条例第三十三条第一款规定,采伐林木的单位或者个人没有按照规定完成更新造林任务的,发放林木采伐许可证的部门有权不再核发林木采伐许可证,直到其完成更新造林为止;情节严重的,可以由市或者区、县林业行政主管部门处以3万元以下的罚款,对直接责任人员由所在单位或者上级主管机关给予行政处分。

第四十七条 违反本条例第三十六条规定,未经批准移植林木的,由市或者区、县林业行政主管部门责令补种;情节严重的,按照滥伐林木的有关规定处理。

第四十八条 违反本条例第三十八条第一款规定,毁林开垦或者毁林采石、挖砂、取土、筑坟、堆物堆料及其他毁林行为,致使森林、林木受到毁坏的,依法赔偿损失;由市或者区、县林业行政主管部门责令停止违法行为,补种毁坏株数1倍以上3倍以下的树木,可以处毁坏林木价值1倍以上5倍以下的罚款。

违反本条例第三十八条第二款规定,在幼林地、特种用途林地和封山育林区内砍柴、放牧,致使森林、林木受到毁坏的,依法赔偿损失;由市或者区、县林业行政主管部门责令停止违法行为,补种毁坏株数1倍以上3倍以下的树木。

第四十九条 从事森林资源保护、林业监督管理工作的林业主管部门的工作人员和其他国家机关的有关工作人员滥用职权、玩忽职守、徇私舞弊,构成犯罪的,依法追究刑事责任;尚不构成犯罪的,依法给予行政处分。

第五十条 森林资源的损失鉴定，由市林业行政主管部门认定的专业机构承担。鉴定标准，由市林业行政主管部门制定。

第七章 附 则

第五十一条 本条例自1999年11月1日起施行。1985年8月3日市第八届人大常委会第22次会议通过、1997年10月15日市第十届人大常委会第40次会议修正的《北京市农村林木资源保护管理条例》同时废止。

森林资源监督工作管理办法

中华人民共和国国家林业局令

第 23 号

《森林资源监督工作管理办法》（国家林业局令第 23 号）已经 2007 年 8 月 30 日国家林业局局务会议审议通过，现予公布，自 2008 年 1 月 1 日起施行。

国家林业局局长
2007 年 8 月 30 日

第一条 为了加强森林资源保护管理，规范森林资源监督行为，根据《中华人民共和国森林法实施条例》和国家有关规定，制定本办法。

第二条 国家林业局依照有关规定向各地区、单位派驻森林资源监督专员办事处（以下简称森林资源监督专员办）。

第三条 本办法所称的森林资源监督是指森林资源监督专员办对驻在地区和单位的森林资源保护、利用和管理情况实施监督检查的行为。

森林资源监督是林业行政执法的重要组成部分，是加强森林资源管理的重要措施。

第四条 森林资源监督专员办实施森林资源监督，适用本办法。

第五条 国家林业局设立森林资源监督管理办公室，负责森林资源监督专员办的协调管理和监督业务工作。

国家林业局森林资源管理司归口管理森林资源监督管理办公室和森林资源监督专员办。

第六条 森林资源监督专员办应当按照国家林业局的有关规定,结合实际,建立和健全内部管理制度及岗位责任制度,并报国家林业局备案。

第七条 森林资源监督管理办公室应当加强对森林资源监督专员办的管理,严格考核工作实绩,组织开展业务培训,检查内部管理制度和岗位责任制度落实情况。

第八条 森林资源监督专员办负责实施国家林业局指定范围内的森林资源监督工作,对国家林业局负责。其主要职责是:

(一)监督驻在地区、单位的森林资源和林政管理;

(二)监督驻在地区、单位建立和执行保护、发展森林资源目标责任制,并负责审核有关执行情况的报告;

(三)承担国家林业局确定的和驻在省、自治区、直辖市人民政府或者驻在单位委托的有关森林资源监督的职责;

(四)按年度向国家林业局和驻在省、自治区、直辖市人民政府或者单位分别提交森林资源监督报告;

(五)承担国家林业局委托的行政审批、行政许可等其他工作。

第九条 森林资源监督专员办在履行职责时,可以依法采取下列措施:

(一)责令被监督检查单位停止违反林业法律、法规、政策的行为;

(二)要求被监督检查单位提供与监督检查事项有关的材料;

(三)要求被监督检查单位对监督检查事项涉及的问题做出书面说明;

(四)法律、法规规定可以采取的其他措施。

第十条 森林资源监督专员办对履行职责中发现的问题,应当及时向当地林业主管部门或者有关单位提出处理建议,并对处理建议的落实情况进行跟踪监督,结果报国家林业局。

对省、自治区、直辖市人民政府林业主管部门管辖的、有重大影响的破坏森林资源行为,森林资源监督专员办应当向国家林业局或者驻在省、自治区、直辖市人民政府报告并提出处理意见。

对破坏森林资源行为负有领导责任的人员,森林资源监督专员办应当向其所在单位或者上级机关、监察机关提出给予处分的建议。

破坏森林资源行为涉嫌构成犯罪的,森林资源监督专员办应当督促有关单位将案件移送司法机关。

第十一条 县级以上地方人民政府林业主管部门或者有关单位对森林资源监督专员办提出的处理建议应当及时核实,依法查处,并将处理结果向森林资源监督专员办通报。

县级以上地方人民政府林业主管部门或者有关单位对森林资源监督专员办提出的处理建议有异议的,应当向森林资源监督专员办提出书面意见。

对森林资源监督专员办提出的处理建议,既不依法查处,又不提交书面陈述的,森林资源监督专员办应当向省、自治区、直辖市人民政府提出督办建议,同时报告国家林业局。

第十二条 森林资源监督专员办应当积极支持县级以上地方人民政府林业主管部门加强森林资源管理工作,建立和实行以下工作制度:

(一)向省、自治区、直辖市人民政府林业主管部门通报国家有关林业政策和重大林业工作事项;

(二)与驻在省、自治区、直辖市人民政府建立工作沟通机制,及时向其通报森林资源监督工作情况;

(三)与省、自治区、直辖市人民政府林业主管部门建立林业行政执法联合工作机制;

（四）根据需要，适时与省、自治区、直辖市人民政府林业主管部门召开联席会议。

第十三条 县级以上地方人民政府林业主管部门应当积极配合森林资源监督专员办履行职责：

（一）向森林资源监督专员办及时提供贯彻国家有关林业政策法规、加强森林资源和林政管理等方面的情况；

（二）积极听取森林资源监督专员办反映的问题和建议，研究、落实改进措施；

（三）在研究涉及森林资源和林政管理的重大问题时，应当征询森林资源监督专员办的意见。

第十四条 森林资源监督专员办的工作人员应当具备以下条件：

（一）遵守法律和职业道德；

（二）熟悉林业法律法规和林业方针政策；

（三）具备从事森林资源监督工作相适应的专业知识和业务能力；

（四）新录用人员具有大学本科以上学历；

（五）适应履行监督职责需要的其他条件。

第十五条 森林资源监督专员办工作人员开展森林资源监督工作，应当客观公正，实事求是，廉洁奉公，保守秘密。

第十六条 森林资源监督专员办的工作人员滥用职权、玩忽职守、徇私舞弊的，依法依纪给予处分；构成犯罪的，依法追究刑事责任。

第十七条 东北、内蒙古重点国有林区林业（森工）主管部门派驻森工企业局的森林资源监督机构，其主要负责人的任免应当事前征求国家林业局派驻本地区或者单位的森林资源监督专员办的意见；其森林资源监督业务工作接受国家林业局派驻本地区或者单位的森林资源监督专员办的指导。

第十八条 本办法自2008年1月1日起施行。

突发林业有害生物事件处置办法

（2005年5月23日国家林业局令第13号；根据2015年11月24日国家林业局令第38号修改）

第一条 为了及时处置突发林业有害生物事件，控制林业有害生物传播、蔓延，减少灾害损失，根据《森林病虫害防治条例》和《植物检疫条例》等有关规定，制定本办法。

第二条 本办法所称林业有害生物，是指危害森林、林木和林木种子正常生长并造成经济损失的病、虫、杂草等有害生物。

第三条 本办法所称突发林业有害生物事件，是指发生暴发性、危险性或者大面积的林业有害生物危害事件，包括：

（一）林业有害生物直接危及人类健康的；

（二）从国（境）外新传入林业有害生物的；

（三）新发生林业检疫性有害生物疫情的；

（四）林业非检疫性有害生物导致叶部受害连片成灾面积1万公顷以上、枝干受害连片成灾面积0.1万公顷以上的。

第四条 突发林业有害生物事件分为一级和二级。

直接危及人类健康的突发林业有害生物事件，为一级突发林业有害生物事件；一级突发林业有害生物事件以外的其他突发林业有害生物事件，为二级突发林业有害生物事件。

第五条 一级突发林业有害生物事件，由国家林业局确认；二级突发林业有害生物事件，由省、自治区、直辖市人民政府林业主管部门确认。

属于从国（境）外新传入的林业有害生物，以及首次在省、自治区、直辖市范围内发生的林业检疫性有害生物，应当经过国家林业局林业有害生物检验鉴定中心鉴定。

第六条 国家林业局负责组织、协调和指导全国突发林业有害生物事件的处置工作。

县级以上地方人民政府林业主管部门在人民政府领导下，具体负责本辖区内突发林业有害生物事件的处置工作。

第七条 国家林业局负责组织制定一级突发林业有害生物事件应急预案。省、自治区、直辖市人民政府林业主管部门负责组织制定本辖区的二级突发林业有害生物事件应急预案。

突发林业有害生物事件应急预案的主要内容是：应急处置指挥体系及其工作职责、预警和预防机制、应急响应、后期评估与善后处理、保障措施等。

第八条 县级人民政府林业主管部门应当根据突发林业有害生物事件应急预案，制定本辖区的突发林业有害生物事件应急实施方案。

突发林业有害生物事件应急实施方案的主要内容是：

（一）应急处置指挥机构和人员；

（二）应急处置工作职责和程序；

（三）林业有害生物控制和防治措施；

（四）林业有害生物应急处置物质保障。

第九条 县级以上人民政府林业主管部门应当加强林业有害生物测报试验室、检疫检验试验室、林木种苗及木材除害设施、物资储备仓库、通讯设备等基础设施建设，做好药剂、器械等有关物资的储备。

第十条 县级人民政府林业主管部门应当组织对突发林业有害生物事件应急处置救灾人员的专业技术培训，开展技术演练，提高应急处置技能。

第十一条 县级以上人民政府林业主管部门的森林病虫害防

治机构及其中心测报点,应当及时对林业有害生物进行调查与监测,综合分析测报数据,提出防治方案。

森林病虫害防治机构及其中心测报点,应当建立林业有害生物监测档案,掌握林业有害生物的动态变化情况。

乡(镇)林业站工作人员、护林员按照县级以上人民政府林业主管部门的要求,参加林业有害生物的调查与监测工作。

第十二条 森林病虫害防治机构及其中心测报点,发现疑似突发林业有害生物事件等异常情况的,应当立即向所在地县级人民政府林业主管部门报告。

公民、法人或者其他组织发现有疑似突发林业有害生物事件等异常情况的,应当向县级以上人民政府林业主管部门反映。

第十三条 县级人民政府林业主管部门接到疑似突发林业有害生物事件等异常情况的报告或者有关情况反映的,应当及时开展调查核实;认为属于突发林业有害生物事件的,应当按照有关规定逐级上报国家林业局。

突发林业有害生物事件的报告,主要包括有害生物的种类、发生地点和时间、级别、危害程度、已经采取的措施以及相关图片材料等内容。

第十四条 国家林业局或者省、自治区、直辖市人民政府林业主管部门应当组织专家和有关人员对县级人民政府林业主管部门报告的情况进行调查和论证,确认是否属于突发林业有害生物事件。

经确认属于一级突发林业有害生物事件的,国家林业局应当启动应急预案;经确认属于二级突发林业有害生物事件的,省、自治区、直辖市人民政府林业主管部门应当启动应急预案。

第十五条 国家林业局应当按照国务院有关灾害报告制度的规定,及时向国务院报告突发林业有害生物事件的有关情况。

一级突发林业有害生物事件的有关信息,由国家林业局按照规定发布。二级突发林业有害生物事件的有关信息,由省、自治区、直辖市人民政府林业主管部门按照规定发布。

第十六条 突发林业有害生物事件应急预案批准启动实施后,发生地的县级人民政府林业主管部门应当相应启动应急实施方案,立即采取紧急控制措施,切断传播途径,防止扩散蔓延。

第十七条 应急预案和应急实施方案符合规定的终止条件的,方可终止。

第十八条 省、自治区、直辖市人民政府林业主管部门应当根据突发林业有害生物事件应急处理的需要,依法提出疫区划定方案和检疫检查站设立计划,报省、自治区、直辖市人民政府批准后实施。

第十九条 发生一级突发林业有害生物事件,由国家林业局组织专家开展科学研究,收集相关资料,提出综合评估报告;发生二级突发林业有害生物事件,由省、自治区、直辖市人民政府林业主管部门组织专家开展科学研究,收集相关资料,提出综合评估报告。

县级人民政府林业主管部门应当根据综合评估报告修改、完善应急实施方案。

第二十条 对直接危及人类健康、从国(境)外新传入或者跨省、自治区、直辖市传播的林业有害生物,国家林业局和有关省、自治区、直辖市人民政府林业主管部门应当及时组织科研力量研究防治措施,制定相关的检验检疫技术标准,并依法确定是否列为林业检疫性有害生物。

第二十一条 林业主管部门、森林病虫害防治机构及其中心测报点的工作人员玩忽职守、徇私舞弊,造成林业有害生物传播、蔓延的,依法给予处分;情节严重、构成犯罪的,依法追究刑事责任。

第二十二条 本办法自2005年7月1日起施行。

天然林资源保护工程森林管护管理办法

国家林业局关于印发
《天然林资源保护工程森林管护管理办法》的通知
林天发〔2012〕33号

各有关省、自治区、直辖市林业厅（局），内蒙古、吉林、龙江、大兴安岭森工（林业）集团公司，新疆生产建设兵团林业局，国家林业局各有关司局、各有关直属单位：

  为了进一步规范和加强对天然林资源保护工程森林管护工作的管理，切实把森林管护工作落到实处，提高森林资源管护的质量和水平，根据新的形势要求，结合天然林资源保护工程森林管护工作实际，我局修订了《天然林资源保护工程森林管护管理办法》，现印发给你们，请遵照执行。执行中有什么问题和建议，请及时反馈我局。

  特此通知。

国家林业局
二〇一二年二月二十一日

第一章 总 则

第一条 为了加强天然林资源保护工程（以下简称"天保工程"）森林管护工作，保障森林资源安全，促进森林资源持续增长，根据《长江上游、黄河上中游地区天然林资源保护工程二期实施方案》、《东北、内蒙古等重点国有林区天然林资源保护工程二期实施方案》和国家有关规定，制定本办法。

第二条 长江上游、黄河上中游地区，以及东北、内蒙古等重点国有林区天保工程二期范围（以下简称"天保工程区"）的森林管护工作，必须遵守本办法。

第三条 国家林业局负责组织、协调、指导、监督天保工程森林管护工作。

天保工程区省、自治区、直辖市林业主管部门应当在人民政府领导下，加强森林管护工作的监督管理，分解森林管护指标，建立健全森林管护责任制，严格考核和奖惩。

第四条 县级林业主管部门、国有重点森工企业、国有林场等天保工程实施单位（以下简称"天保工程实施单位"）负责组织实施森林管护工作，落实森林管护责任，完善森林管护体系，落实考核和奖惩措施。

第五条 天保工程区森林管护应当坚持有利于生物多样性保护、有利于促进森林生态系统功能恢复和提高的原则，对重点区域实行重点管护。

第六条 天保工程区森林管护应当坚持责权利相统一的原则，明确管护人员的责任、权利和义务。

第二章 组织管理

第七条 天保工程实施单位负责组织实施管辖区域内的森林管护工作，确定森林管护责任区，把森林管护任务落实到山头地块，把森林管护责任落实到人。

第八条 天保工程实施单位应当建立健全由县（局）、乡镇（林场）、村（组、工区）和管护站点组成的森林管护组织体系，建立完善森林管护管理制度。

第九条 天保工程实施单位应当按照批准的天保工程实施方案，制定森林管护工作年度实施计划，作为组织实施森林管护、管护费支出和检查验收的依据。

第十条 天保工程实施单位应当合理设置管护站点，配备必要的交通、通讯工具等基础设施和设备，在森林管护重点地段设置警示标识。

第十一条 天保工程区国有林森林管护工作岗位应当优先安排国有林业单位职工；集体和个人所有的公益林由林权所有者或者经营者负责管护，经林权所有者同意可以委托其他组织和个人管护。

第十二条 天保工程实施单位负责组织培训森林管护人员，努力提高森林管护人员的业务素质。

第十三条 天保工程实施单位应当根据辖区内地形、地貌、交通条件、森林火险等级、管护难易程度等确定管护模式，提高管护成效。

第十四条 森林管护方式应当因地制宜，采取专业管护、承包管护、联户合作等多种管护方式。在交通不便的地方可以因地制宜设立固定管护站点，实行封山管护。

第十五条 天保工程实施单位应当将管护站点、人员姓名、管护范围、管护任务和要求等内容予以公示，自觉接受社会监督。

第十六条 天保工程实施单位应当建立完整的森林管护档案，及时、准确提交有关报表、信息和统计资料，逐步实现档案管理标准化和现代化，不断提高工程管理水平。

第十七条 天保工程实施单位应当在确保不降低森林生态功能、不影响林木生长并经林权所有者同意的前提下，帮助和支持森林管护人员依法合理开发利用林下资源，增加管护人员收入。

第三章 管护责任

第十八条 天保工程区森林管护实行森林管护责任协议书制度。森林管护责任协议书应当明确管护范围、责任、期限、措施和质量要求、管护费支付、奖惩等内容。

森林管护责任协议书式样由国家林业局规定（见附）。

森林管护责任协议书每年度签订一次。

第十九条 森林管护人员的主要职责是：

（一）宣传天然林资源保护政策和有关法律、法规。

（二）制止盗伐滥伐森林和林木、毁林开垦和侵占林地的行为，并及时报告有关情况。

（三）负责森林防火巡查，制止违章用火，发现火情及时采取有效控制措施并报告有关情况。

（四）及时发现和报告森林有害生物发生情况。

（五）制止乱捕乱猎野生动物和破坏野生植物的违法行为，并及时报告有关情况。

（六）阻止牲畜进入管护责任区毁坏林木及幼林。

（七）及时报告山体滑坡、泥石流、冰雪灾害等对森林资源的危害情况。

第二十条 森林管护人员应当按照森林管护责任协议书的要求，认真履行职责，做好巡山日志等记录，有关森林管护资料应当及时归档管理。

第二十一条 森林管护人员应当认真履行森林管护责任协议，完成任务并达到质量要求的，天保工程实施单位应当及时兑现管护费。

第四章 监督管理

第二十二条 各级林业主管部门应当对天保工程区的森林管护工作进行监督检查。监督检查的主要内容包括：

（一）森林管护责任落实情况。

（二）森林管护任务完成情况和成效。

（三）森林管护设施建设情况。

（四）森林管护档案建立和管理情况。

（五）森林管护费使用及管理情况。

（六）奖惩措施兑现情况。

第二十三条 国家林业局对天保工程实施单位森林管护工作进行抽查，抽查结果纳入国家级工程核查和"四到省"责任制实施情况统一考核。

第二十四条 天保工程实施单位应当对森林管护责任协议书执行情况定期进行考核评价，考核结果作为支付管护费的主要依据。

第二十五条 天保工程实施单位应当认真总结森林管护的经验和教训，不断完善管护措施和办法。

第二十六条 对违反规定使用天保工程森林管护资金的，依法追究有关责任人的责任。

第五章 附 则

第二十七条 省级林业主管部门可以结合本地实际制定森林管护管理办法或实施细则，报国家林业局备案。

第二十八条 本办法自印发之日起执行。国家林业局印发的原《天然林资源保护工程森林管护管理办法》（林天发〔2004〕149号）同时废止。

附：森林管护责任协议书（略）

国家级公益林管理

国家级公益林区划界定办法

国家林业局 财政部关于印发《国家级公益林区划界定办法》和《国家级公益林管理办法》的通知

林资发〔2017〕34号

各省、自治区、直辖市林业厅（局）、财政厅（局），内蒙古、吉林、龙江、大兴安岭、长白山森工（林业）集团公司，新疆生产建设兵团林业局、财务局：

为进一步规范和加强国家级公益林区划界定和保护管理工作，针对新时期国家级公益林区划界定和保护管理中出现的新情况和新问题，国家林业局、财政部对《国家级公益林管理办法》（林资发〔2013〕71号）和《国家级公益林区划界定办法》（林资发〔2009〕214号）进行了修订，现印发给你们，请遵照执行。

各单位要按照《国家级公益林区划界定办法》的要求，及时落实好国家级公益林保护等级，进一步做好国家级公益林区划落界工作，切实将国家级公益林落实到小班地块，并据此更新国家级公益林基础信息数据库等档案资料。在此过程中，不得擅自调整、变更国家级公益林的范围。国家级公益林区划落界的小班属性数据和矢量数据，应当与当地林地保护利用规划林地落界成果相衔接。要严格按照《国家级公益林管理办法》规定的要求和程序，规范开展国家级公益林动态调整和保护管理工作，严禁随意调整国家级公益林范围，违规使用国家级公益林林地。

更新后的国家级公益林基础信息数据库等数据资料，由各省级林业主管部门商财政部门同意后，于2017年12月31日前报送至国家林业局。

特此通知。

国家林业局

财政部

2017年4月28日

第一章 总 则

第一条 为规范国家级公益林区划界定工作，加强对国家级公益林的保护和管理，根据《中华人民共和国森林法》、《中华人民共和国森林法实施条例》和《中共中央国务院关于加快林业发展的决定》（中发〔2003〕9号）、《中共中央 国务院关于全面推进集体林权制度改革的意见》（中发〔2008〕10号）等规定，制定本办法。

第二条 国家级公益林是指生态区位极为重要或生态状况极为脆弱，对国土生态安全、生物多样性保护和经济社会可持续发展具有重要作用,以发挥森林生态和社会服务功能为主要经营目的的防护林和特种用途林。

第三条 全国国家级公益林的区划界定适用于本办法。

第四条 国家级公益林区划界定应遵循以下原则:

——生态优先、确保重点,因地制宜、因害设防,集中连片、合理布局,实现生态效益、社会效益和经济效益的和谐统一。

——尊重林权所有者和经营者的自主权,维护林权的稳定性,保证已确立承包关系的连续性。

第五条 国家级公益林应当在林地范围内进行区划,并将森林(包括乔木林、竹林和国家特别规定的灌木林)作为主要的区划对象。

第六条 国家级公益林范围依据本办法第七条的规定,参照《全国主体功能区规划》、《全国林业发展区划》等相关规划以及水利部关于大江大河、大型水库的行业标准和《土壤侵蚀分类分级标准》等相关标准划定。

第二章 区划范围和标准

第七条 国家级公益林的区划范围。

(一)江河源头——重要江河干流源头,自源头起向上以分水岭为界,向下延伸20公里、汇水区内江河两侧最大20公里以内的林地;流域面积在10000平方公里以上的一级支流源头,自源头起向上以分水岭为界,向下延伸10公里、汇水区内江河两侧最大10公里以内的林地。其中,三江源区划范围为自然保护区核心区内的林地。

(二)江河两岸——重要江河干流两岸(界江(河)国境线水路接壤段以外)以及长江以北河长在150公里以上且流域面积

在1000平方公里以上的一级支流两岸，长江以南（含长江）河长在300公里以上且流域面积在2000平方公里以上的一级支流两岸，干堤以外2公里以内从林缘起，为平地的向外延伸2公里、为山地的向外延伸至第一重山脊的林地。

重要江河干流包括：

1. 对国家生态安全具有重要意义的河流：长江（含通天河、金沙江）、黄河、淮河、松花江（含嫩江、第二松花江）、辽河、海河（含永定河、子牙河、漳卫南运河）、珠江（含西江、浔江、黔江、红水河）。

2. 生态环境极为脆弱地区的河流：额尔齐斯河、疏勒河、黑河（含弱水）、石羊河、塔里木河、渭河、大凌河、滦河。

3. 其他重要生态区域的河流：钱塘江（含富春江、新安江）、闽江（含金溪）、赣江、湘江、沅江、资水、沂河、沭河、泗河、南渡江、瓯江。

4. 流入或流出国界的重要河流：澜沧江、怒江、雅鲁藏布江、元江、伊犁河、狮泉河、绥芬河。

5. 界江、界河：黑龙江、乌苏里江、图们江、鸭绿江、额尔古纳河。

（三）森林和陆生野生动物类型的国家级自然保护区以及列入世界自然遗产名录的林地。

（四）湿地和水库——重要湿地和水库周围2公里以内从林缘起，为平地的向外延伸2公里、为山地的向外延伸至第一重山脊的林地。

1. 重要湿地是指同时符合以下标准的湿地：

——列入《中国湿地保护行动计划》重要湿地名录和湿地类型国家级自然保护区的湿地。

——长江以北地区面积在8万公顷以上、长江以南地区面积在5万公顷以上的湿地。

——有林地面积占该重要湿地陆地面积50%以上的湿地。

——流域、山体等类型除外的湿地。

具体包括：兴凯湖、五大连池、松花湖、查干湖、向海、白洋淀、衡水湖、南四湖、洪泽湖、高邮湖、太湖、巢湖、梁子湖群、洞庭湖、鄱阳湖、滇池、抚仙湖、洱海、泸沽湖、清澜港、乌梁素海、居延海、博斯腾湖、塞里木湖、艾比湖、喀纳斯湖、青海湖。

2. 重要水库：年均降雨量在400毫米以下（含400毫米）的地区库容0.5亿立方米以上的水库；年均降雨量在400—1000毫米（含1000毫米）的地区库容3亿立方米以上的水库；年均降雨量在1000毫米以上的地区库容6亿立方米以上的水库。

（五）边境地区陆路、水路接壤的国境线以内10公里的林地。

（六）荒漠化和水土流失严重地区——防风固沙林基干林带（含绿洲外围的防护林基干林带）；集中连片30公顷以上的有林地、疏林地、灌木林地。

荒漠化和水土流失严重地区包括：

1. 八大沙漠：塔克拉玛干、库姆塔格、古尔班通古特、巴丹吉林、腾格里、乌兰布和、库布齐、柴达木沙漠周边直接接壤的县（旗、市）。

2. 四大沙地：呼伦贝尔、科尔沁（含松嫩沙地）、浑善达克、毛乌素沙地分布的县（旗、市）。

3. 其他荒漠化或沙化严重地区：河北坝上地区、阴山北麓、黄河故道区。

4. 水土流失严重地区：

——黄河中上游黄土高原丘陵沟壑区，以乡级为单位，沟壑密度1公里/平方公里以上、沟蚀面积15%以上或土壤侵蚀强度为平均侵蚀模数5000吨/年·平方公里以上地区。

——长江上游西南高山峡谷和云贵高原区，山体坡度36度以上地区。

——四川盆地丘陵区，以乡级为单位，土壤侵蚀强度为平均流失厚度3.7毫米/年以上或土壤侵蚀强度为平均侵蚀模数5000吨/年·平方公里以上的地区。

——热带、亚热带岩溶地区基岩裸露率在35%至70%之间的石漠化山地。

本项中涉及的水土流失各项指标，以省级以上人民政府水土保持主管部门提供的数据为准。

（七）沿海防护林基干林带、红树林、台湾海峡西岸第一重山脊临海山体的林地。

（八）除前七款区划范围外，东北、内蒙古重点国有林区以禁伐区为主体，符合下列条件之一的。

1. 未开发利用的原始林。

2. 森林和陆生野生动物类型自然保护区。

3. 以列入国家重点保护野生植物名录树种为优势树种，以小班为单元，集中分布、连片面积30公顷以上的天然林。

第八条　凡符合多条区划界定标准的地块，按照本办法第七条的顺序区划界定，不得重复交叉。

第九条　按照本办法第七条标准和区划界定程序认定的国家级公益林，保护等级分为两级。

（一）属于林地保护等级一级范围内的国家级公益林，划为一级国家级公益林。林地保护等级一级划分标准执行《县级林地保护利用规划编制技术规程》（LY/T 1956）。

(二) 一级国家级公益林以外的,划为二级国家级公益林。

第三章 区划界定

第十条 省级林业主管部门会同财政部门统一组织国家级公益林的区划界定和申报工作。县级区划界定必须在森林资源规划设计调查基础上,按照森林资源规划设计调查的要求和内容将国家级公益林落实到山头地块。要确保区划界定的国家级公益林权属明确、四至清楚、面积准确、集中连片。区划界定结果应当由县级林业主管部门按照公示程序和要求在国家级公益林所在村进行公示。

第十一条 国家级公益林区划界定成果,经省级人民政府审核同意后,由省级林业主管部门会同财政部门向国家林业局和财政部申报,并抄送财政部驻当地财政监察专员办事处(以下简称专员办)。东北、内蒙古重点国有林区由东北、内蒙古重点国有林区管理机构直接向国家林业局和财政部申报,并抄送当地专员办。

申报材料包括:申报函,全省土地资源、森林资源、水利资源等情况详细说明,林地权属情况,认定成果报告,国家级公益林基础信息数据库,以及省级区划界定统计汇总图表资料。

第十二条 区划界定国家级公益林应当兼顾生态保护需要和林权权利人的利益。在区划界定过程中,对非国有林,地方政府应当征得林权权利人的同意,并与林权权利人签订区划界定书。

第十三条 县级林业主管部门对申报材料的真实性、准确性负责。国家林业局会同财政部对省级申报材料进行审核,组织开展认定核查,并根据省级申报材料和审核、核查的结果,对区划的国家级公益林进行核准,核准的主要结果呈报国务院,由国家林业局分批公布。省级以下林业主管部门负责对相应的森林资源档案进行林种变更,并将变更情况告知不动产登记机关,按规定进行不动产登记。

第四章 附 则

第十四条 本办法由国家林业局会同财政部负责解释。

第十五条 本办法自印发之日起施行,有效期至2025年12月31日。国家林业局、财政部2009年印发的《国家级公益林区划界定办法》(林资发〔2009〕214号)同时废止,但按照林资发〔2009〕214号文件区划界定的国家级公益林继续有效,纳入本办法管理。

国家级公益林管理办法

林资发〔2017〕34号

第一条 为了加强和规范国家级公益林的保护和管理，制定本办法。

第二条 本办法所称国家级公益林是指依据《国家级公益林区划界定办法》划定的防护林和特种用途林。

第三条 国家级公益林管理遵循"生态优先、严格保护，分类管理、责权统一，科学经营、合理利用"的原则。

第四条 国家级公益林的保护和管理，应当纳入国家和地方各级人民政府国民经济和社会发展规划、林地保护利用规划，并落实到现地，做到四至清楚、权属清晰、数据准确。

第五条 国家林业局负责全国国家级公益林管理的指导、协调和监督；地方各级林业主管部门负责辖区内国家级公益林的保护和管理。

第六条 中央财政安排资金，用于国家级公益林的保护和管理。

第七条 县级以上林业主管部门应当加强对国家级公益林保护管理相关法律法规、规章文件和政策的宣传工作。

县级以上地方林业主管部门应当组织设立国家级公益林标牌，标明国家级公益林的地点、四至范围、面积、权属、管护责任人，保护管理责任和要求、监管单位、监督举报电话等内容。

第八条 县级以上林业主管部门或者其委托单位应当与林权权利人签订管护责任书或管护协议，明确国家级公益林管护中各方的权利、义务，约定管护责任。

权属为国有的国家级公益林，管护责任单位为国有林业局（场）、自然保护区、森林公园及其他国有森林经营单位。

权属为集体所有的国家级公益林，管护责任单位主体为集体经济组织。

权属为个人所有的国家级公益林，管护责任由其所有者或者经营者承担。无管护能力、自愿委托管护或拒不履行管护责任的个人所有国家级公益林，可由县级林业主管部门或者其委托的单位，对其国家级公益林进行统一管护，代为履行管护责任。

在自愿原则下，鼓励管护责任单位采取购买服务的方式，向社会购买专业管护服务。

第九条 严格控制勘查、开采矿藏和工程建设使用国家级公益林地。确需使用的，严格按照《建设项目使用林地审核审批管理办法》有关规定办理使用林地手续。涉及林木采伐的，按相关规定依法办理林木采伐手续。

经审核审批同意使用的国家级公益林地，可按照本办法第十八条、第十九条的规定实行占补平衡，并按本办法第二十三条的规定报告国家林业局和财政部。

第十条 国家级公益林的经营管理以提高森林质量和生态服务功能为目标，通过科学经营，推进国家级公益林形成高效、稳定和可持续的森林生态系统。

第十一条 由地方人民政府编制的林地保护利用规划和林业主管部门编制的森林经营规划，应当将国家级公益林保护和管理作为重要内容。对国有国家级公益林，县级以上地方林业主管部门应当督促国有林场等森林经营单位，通过推进森林经营方案的编制和实施，将国家级公益林经营方向、经营模式、经营措施以及相关政策，落实到山头地块和经营主体；对集体和个人所有的国家级公益林，县级林业主管部门应当引导和鼓励其经营主体编制森林经营方案，明确国家级公益林经营方向、经营模式和经营措施。

第十二条 一级国家级公益林原则上不得开展生产经营活动，严禁打枝、采脂、割漆、剥树皮、掘根等行为。

国有一级国家级公益林，不得开展任何形式的生产经营活动。因教学科研等确需采伐林木，或者发生较为严重森林火灾、病虫害及其他自然灾害等特殊情况确需对受害林木进行清理的，应当组织森林经理学、森林保护学、生态学等领域林业专家进行生态影响评价，经县级以上林业主管部门依法审批后实施。

集体和个人所有的一级国家级公益林，以严格保护为原则。根据其生态状况需要开展抚育和更新采伐等经营活动，或适宜开展非木质资源培育利用的，应当符合《生态公益林建设导则》（GB/T 18337.1）、《生态公益林建设技术规程》（GB/T 18337.3）、《森林采伐作业规程》（LY/T 1646）、《低效林改造技术规程》（LY/T 1690）和《森林抚育规程》（GB/T 15781）等相关技术规程的规定，并按以下程序实施。

（一）林权权利人按程序向县级林业主管部门提出书面申请，并编制相应作业设计，在作业设计中要对经营活动的生态影响作出客观评价。

（二）县级林业主管部门审核同意的，按公示程序和要求在经营活动所在村进行公示。

（三）公示无异议后，按采伐管理权限由相应林业主管部门依法核发林木采伐许可证。

（四）县级林业主管部门应当根据需要，由其或者委托相关单位对林权权利人经营活动开展指导和验收。

第十三条 二级国家级公益林在不影响整体森林生态系统功

能发挥的前提下，可以按照第十二条第三款相关技术规程的规定开展抚育和更新性质的采伐。在不破坏森林植被的前提下，可以合理利用其林地资源，适度开展林下种植养殖和森林游憩等非木质资源开发与利用，科学发展林下经济。

国有二级国家级公益林除执行前款规定外，需要开展抚育和更新采伐或者非木质资源培育利用的，还应当符合森林经营方案的规划，并编制采伐或非木质资源培育利用作业设计，经县级以上林业主管部门依法批准后实施。

第十四条　国家级公益林中的天然林，除执行上述规定外，还应当严格执行天然林资源保护的相关政策和要求。

第十五条　对国家级公益林实行"总量控制、区域稳定、动态管理、增减平衡"的管理机制。

第十六条　国家级公益林动态管理遵循责、权、利相统一的原则，申报补进、调出的县级林业主管部门对申报材料的真实性、准确性负责。

第十七条　国家级公益林的调出，以不影响整体生态功能、保持集中连片为原则，一经调出，不得再次申请补进。

（一）国有国家级公益林，原则上不得调出。

（二）集体和个人所有的一级国家级公益林，原则上不得调出。但对已确权到户的苗圃地、竹林地，以及平原农区的国家级公益林，其林权权利人要求调出的，可以按照本办法第十九条的规定调出。

（三）集体和个人所有的二级国家级公益林，林权权利人要求调出的，可以按照本办法第十九条的规定调出。

第十八条　除补进国家退耕还林工程中退耕地上营造的符合国家级公益林区划范围和标准的防护林和特种用途林外，在本省行政区域内，可以按照增减平衡的原则补进国家级公益林。

补进的国家级公益林应当符合《国家级公益林区划界定办法》规定的区划范围和标准，应当属于对国家整体生态安全和生物多样性保护起关键作用的森林，特别是国家退耕还林工程中退耕地上营造的符合国家级公益林区划范围和标准的防护林和特种用途林。

第十九条　国家级公益林的调出和补进，由林权权利人征得林地所有权所属村民委员会同意后，向县级林业主管部门提出申请。县级林业主管部门对调出补进申请进行审核，并组织对调出国家级公益林开展生态影响评价，提供生态影响评价报告。县级林业主管部门审核材料和结果报经县级人民政府同意后，按程序上报省级林业主管部门。

上述调出、补进情况，应当由县级林业主管部门按照公示程序和要求在国家级公益林所在地进行公示。

按照管辖范围，省级林业主管部门会同财政部门负责对上报的调出、补进情况进行查验和审核，报经省级人民政府同意后，以正式文件进行批复。其中单次调出或者补进国家级公益林超过1万亩的，由省级林业主管部门会同财政部门在报经省级人民政府同意后，报国家林业局和财政部审定，并抄送财政部驻当地财政监察专员办事处（以下简称专员办）。

上述补进、调出结果，由省级林业主管部门会同财政部门按照本办法第二十三条的规定报告国家林业局和财政部，抄送当地专员办。

第二十条　国家级公益林监管过程中发现的区划错误情况，应当本着实事求是的原则，按管辖范围，由省级林业主管部门组织核定，并在查清原因、落实责任后，进行修正。修正结果和处理情况报告，由省级林业主管部门报告国家林业局，抄送当地专员办，并提交修正后的国家级公益林基础信息数据库。

第二十一条 省级林业主管部门负责组织做好国家级公益林的落界成图工作，按照《林地保护利用规划林地落界技术规程》(LY/T 1955)，在全国林地"一张图"建设和更新中将国家级公益林落实到小班地块，做到落界准确规范、成果齐全。

省级林业主管部门定期组织开展国家级公益林本底资源调查，本底资源调查结果作为国家级公益林资源变化和生态状况变化监测的基础依据。

第二十二条 县级林业主管部门和国有林业局（场）、自然保护区、森林公园等森林经营单位，应当以国家级公益林本底资源调查和落界成图成果为基础，建立国家级公益林资源档案，并根据年度变化情况及时更新国家级公益林资源档案。国家级公益林档案更新情况及时上报省级林业主管部门，确保国家级公益林图面资料与现地一致、各级成果数据资料一致。

第二十三条 省级林业主管部门应当组织开展国家级公益林资源变化情况年度监测和生态状况定期定点监测评价，并依法向社会发布监测、评价结果。

省级林业主管部门会同财政部门于每年3月15日前向国家林业局和财政部报告上年度国家级公益林资源变化情况，提交涵盖国家级公益林林地使用、调出补进等方面内容的资源变化情况报告、资源变化情况汇总统计表，以及调出、补进和更新后的国家级公益林基础信息数据库。上述报告和统计表同时抄送当地专员办。

第二十四条 国家组织对国家级公益林数量、质量、功能和效益进行监测评价，并作为《生态文明建设考核目标体系》和《绿色发展指标体系》中森林覆盖率和森林蓄积量指标的重要组成部分实施考核评价。

第二十五条 本办法适用于全国范围内国家级公益林的保护

和管理。法规规章另有规定的,从其规定。

第二十六条 本办法由国家林业局会同财政部解释。各省级林业主管部门会同财政部门,可依据本办法规定,结合本辖区实际,制定实施细则。

第二十七条 本办法自印发之日起施行,有效期至 2025 年 12 月 31 日。国家林业局和财政部 2013 年发布的《国家级公益林管理办法》(林资发〔2013〕71 号)同时废止。

造林质量管理暂行办法

林造发〔2002〕92号

第一章 总 则

第一条 为加强造林质量管理,提高造林成效,依据《中华人民共和国森林法》、《中华人民共和国森林法实施条例》、《中华人民共和国种子法》、《中华人民共和国防沙治沙法》等有关法律、法规,制定本办法。

第二条 国有、国有集体合作、集体的造林,必须执行本办法;对国际合作、外资、私营企业和个人的造林管理,可参照执行。法律、法规另有规定的除外。

第三条 坚持质量第一的原则。按照全面质量管理的要求,实行事前指导、事中检查、事后验收的三环节管理,健全组织机构,规范管理制度,建立简便易行、科学有效的造林质量、技术管理和质量保证体系,提高造林管理水平,确保造林质量与成效。

第四条 实行造林全过程质量管理制度。将人工造林、更新造林全过程分解为规划、总体设计、年度计划、作业设计、种子准备、整地栽植、抚育管护等主要工序,并对各工序进行检查验收。

第五条 造林工序及检查验收,按照国家、行业标准和国家有关造林技术规定、办法执行;凡前述标准、规定和办法未涉及的,或经国务院林业行政主管部门批准有特殊规定的造林项目,参照项目或地方标准、规定和办法执行。

第六条 实行技术培训分级负责和持证上岗制度。造林主要工序及检查验收的相关人员,要先培训、后上岗。凡列为林业行业关键岗位的,必须在省级以上林业行政主管部门认定的关键岗位培训单位接受专门培训,持国务院林业行政主管部门监制的林业行业《关键岗位上岗资格证》上岗。

第七条 自然保护区的造林工程,暂由自然保护区按其总体规划及保护工作的实际需要安排,由林业行政主管部门负责检查验收。

第二章 计划管理

第八条 各级林业行政主管部门应根据本行政区经济、社会和生态环境建设需要及森林资源状况提出林业长远规划。县级林业行政主管部门根据本县的林业长远规划,组织编制植树造林规划,确定各造林责任部门和单位的造林绿化责任,报县级人民政府批准并下达责任通知书。

第九条 年度造林计划编制实行"自下而上、上下结合"的编制方法。各级林业行政主管部门依据植树造林规划及有关工程规划和实施方案,编制年度造林建议计划并逐级上报。国务院林业行政主管部门对各省年度造林建议计划汇总审核后报国家计委,申请下达年度造林计划。

第十条 年度造林计划一经下达,必须严格执行,任何单位不得擅自变更。如确需变更,需报原审批部门批准。

第十一条 地方人民政府负责组织并完成辖区内植树造林规划和年度造林计划确定的任务；县级人民政府林业行政主管部门（国有森工企业，下同）对本行政区域（施业区，下同）内当年造林情况应当组织检查验收。

第三章 设计管理

第十二条 造林项目要严格按照国家规定的基本建设程序进行管理，由具备资质的单位按批准的建设项目组织设计，按设计组织施工，按标准组织验收。各级林业行政主管部门要会同有关部门加强对造林项目实施方案、总体设计、作业设计等编制的组织指导，保证设计与施工的质量。要实行造林项目设计质量负责制，依法对各类设计进行管理。

第十三条 人工造林作业设计必须在施工作业上一年度、人工更新造林作业设计应在整地前3个月内，由县级林业行政主管部门委托有资质的调查设计单位或专业技术队伍编制完成，报地级林业行政主管部门审核同意后组织实施，并报省级林业行政主管部门备案，作为检查验收依据。

作业设计一经批准，不得随意变更；确需变更的，必须由建设单位提出申请，委托设计单位作出相应修改后，报原批准部门重新审批。没有作业设计或作业设计未经批准的，不得组织实施。

第十四条 造林作业设计以批准的造林总体设计、工程实施方案和上级下达的年度造林计划为依据，以县为单位分项目编制，以造林小班为作业设计单元。造林作业设计文件包括作业设计说明书、作业设计表和作业设计图：

（一）作业设计说明书。主要包括基本情况、设计原则与依据、范围与布局、造林技术设计、种苗设计、森林保护及配套基础设施施工设计、工作量与投资预算、效益评价、管理措施等；

（二）作业设计表。包括基本情况表、造林作业设计一览表及汇总表、分树种种苗需求量表、森林保护及配套基础设施年度作业设计表、投资预算表等；

（三）作业设计图。包括以地形图为底图的造林小班设计图（1/5000 或 1/10000）和位置图（1/25000 或 1/50000）、造林模式示意图、森林保护及配套基础设施施工设计图等。

第十五条　加强森林保护及配套基础设施建设，做到同步规划、同步设计、同步施工、同步验收。认真搞好森林火灾的预防和森林病虫鼠害的预测、预报、防治、监测、检疫工作，积极采取生物措施，降低森林火灾、森林病虫害的发生率和成灾率，减少森林灾害损失。

第十六条　生态公益林建设禁止大面积纯林设计，提倡混交林设计。新造林原则上单个无性系集中连片营造面积不得超过 20 公顷，单块纯林面积不得超过 200 公顷，与纯林相邻小班必须更换树种或营造混交林。

第十七条　严格实行造林作业设计检查验收与审查批复制度。各级林业行政主管部门要对外业调查、内业设计予以详尽的检查与验收，确保设计成果质量。

第四章　种子管理

第十八条　认真贯彻落实《种子法》，建立健全林木种子生产、经营许可证制度，严格种子检验、检疫，保证种子质量。

本办法所称林木种子（简称种子，下同），是指林木的种植材料或者繁殖材料，包括籽粒、果实和根、茎、苗、芽、叶等。

第十九条　坚持适地适树适种源、良种壮苗的原则。推行种子质量负责制,加强种子质量的监督检查管理,把好种子质量关。提倡就地造林就近育苗,实行定点育苗、合同育苗、定向供应;必须在树种(品系)适生区内调运种子。

第二十条 严格实行种子分级制度。生产单位要按有关规定对种子进行分级;种子质量检验机构要对种子进行检验,确定种子质量等级,核发种子质量检验证;达不到国家、行业或地方规定种用标准的,不得用于造林;经检疫和验收合格方可用于造林。

第二十一条 要确保种子生产数量和质量。国家重点生态建设的造林项目,要优先使用经国家或省级审定的林木良种或种子生产基地生产的种子,要根据工程设计所要求的等级使用种子;任何部门和单位不得购买、使用无种子生产许可证、种子经营许可证、良种使用证、种子质量检验证、植物检疫证(简称"五证",下同)的单位或个人生产的种子。

第二十二条 新品种(含品系等)的引进必须按林木引种程序,经过一个轮伐期以上引种试验成功,并通过国家或省级林木良种审定委员会审定(或认定)的林木良种方能大面积应用生产。

自然保护区的实验区需要实施人工造林的,不得引进非本地物种及新品种(含品系等)。

第五章　施工管理

第二十三条 坚持分类经营、定向培育、科学栽植、精心管护的原则。推广应用先进科技成果和实用技术,大力发展优良乡土树种,提倡营造混交林(包括人工天然混交林)。

第二十四条 强化造林作业工序管理。清林整地、栽植覆土、补植抚育等每项作业都要在监理人员或技术人员(现场员)的指导监督下进行。对作业质量不合格的,要责令立即返工,做到造林作业全过程质量管理与控制。

第二十五条　采用穴状、鱼鳞坑、带状等整地方式，保留原生植被，防止水土流失。坡度25度以上禁止全垦整地。因特殊情况确需炼山整地的，必须经县级以上人民政府或授权单位批准，并采取安全措施，在森林特别防火期内禁止炼山整地作业。

第二十六条　要认真做好起苗、分级、运输、假植、栽植等各生产工序的管理，按有关规程、标准、细则所规定的生产程序实施作业，保证苗木的形态、生理、活力指标，努力避免苗根暴露时间过长、苗木失水、栽植不规范等严重影响成活的现象发生。

第二十七条　要认真做好造林后的补植补播工作。凡当年造林成活率达不到国家规定合格标准的需补植补播地块，要在下一年度内进行补植补播，使其尽快达到国家规定合格标准。

第六章　抚育管护

第二十八条　要全面加强新造林地的抚育管护工作，严格执行造林作业设计文件要求的生产作业内容和规格标准，及时实施扩穴培土、割灌除草、浇水施肥、清沙等抚育作业。

第二十九条　地方各级人民政府应当组织有关部门建立护林组织，负责护林工作；根据实际需要在大面积林区增加护林设施，加强新造林地保护；督促有林的和林区的基层单位，划定护林责任区，配备专职或兼职护林员，建立护林公约，组织群众护林。

第三十条　全面推行新造林地管护责任制，做到管护措施到位、管护人员到位、管护经费到位、管护责任到位。积极推行个体承包经营管护责任制。管护责任制以合同的方式与管护单位或承包者的利益挂钩，实行奖励与惩罚结合。

第七章 工程项目管理

第三十一条 国家投资的林业重点工程的造林项目实行工程项目管理；地方投资造林工程项目参照工程项目进行管理。

第三十二条 推行造林工程项目招投标制度或技术承包责任制度。国家单项投资在50万元以上的种子或基础设施等建设项目，实行招投标；推行有资质的造林专业队（工程队或公司，下同）承包造林；其它造林项目可由县级林业行政主管部门做好组织、指导、监督和提供技术咨询服务等工作，实行技术承包。

第三十三条 造林专业队的资质条件根据承担工程量的大小分别由省、地、县级林业行政主管部门按以下条件及有关规定进行审查认定，并实行年审制度。造林专业队必须具备以下基本条件：

（一）有从事营造林工作3年以上经历，且具有林业中级以上技术职称或相当学历的人员2名以上；

（二）取得林木种苗工、造林更新工等林业行业职业资格鉴定证书的技术工人3名以上；

（三）持有法人营业执照。

第三十四条 实行造林目标管理责任制。国家、省、地、县四级林业行政主管部门逐级签订造林目标管理责任状，每年考核一次，兑现奖惩。项目负责人是造林质量的第一责任人，要把造林质量作为考核负责人业绩的主要内容。

第三十五条 实行造林合同制管理。造林工程项目建设单位与承建单位或个人签订造林合同，合同文本由各省根据本地实际情况统一作出规定，但合同内容必须明确造林面积、作业方式、造林时间、技术要求、质量标准、验收程序、双方的权利和义务、违约责任及其它需要约定的事项。

第三十六条 造林合同一经签订,不允许擅自转包或分包。各级林业行政主管部门对本辖区内所发现的擅自转包或分包行为要及时进行调查处理;不调查、不处理的,其上一级林业行政主管部门要追究该主管部门及有关领导人员的责任。

第三十七条 造林合同执行过程发生合同纠纷时,由建设单位与承建单位或个人协商解决;协商不能解决的,任何一方都可以向有管辖权的人民法院提起诉讼。

第三十八条 推行造林工程项目监理制。国家单项投资50万元以上的造林工程项目,逐步实现聘请有造林监理资质的单位,对承建单位的造林施工质量进行全过程的监理,确保按作业设计进行施工和每个造林环节的施工质量符合设计要求。未实行造林监理的,县级林业行政主管部门要委派专业技术人员现场指导、监督,实行技术承包责任制。

第三十九条 从事造林监理人员必须持有国务院林业行政主管部门颁发的上岗证。

第四十条 造林监理单位应按委托监理合同规定,向建设单位提交监理旬报、月报、季报、年报和工程质量、投资方面的统计报表、情况报告等。造林工程项目竣工验收后,造林监理单位向建设单位提交监理总结报告。

第四十一条 推行造林报帐制管理。要把造林资金使用与实际完成造林工作数量和质量挂钩。可采取预拨造林资金或由实施单位全额垫付,以县为单位,依据造林检查验收结果分期分批报帐。

(一)造林结束后,林业行政主管部门组织检查验收,签发《施工合格证》(附件1),依据《施工合格证》支付造林总费用的50%;

(二)造林当年,林业行政主管部门组织检查验收,签发

《造林质量合格证》(附件2),依据《造林质量合格证》支付造林总费用的30%;

(三)第2年,林业行政主管部门组织检查验收,签发《抚育管护作业质量合格证》(附件3),依据《抚育管护作业质量合格证》支付造林总费用的10%;

(四)第3年,林业行政主管部门组织检查验收,签发《造林验收合格证》(附件4),依据《造林验收合格证》支付造林总费用的10%。

第八章 检查验收管理

第四十二条 实行造林质量指导监督、检查验收制度。林业行政主管部门要依据有关标准、规定对造林作业数量和质量,实行严格的质量监督与检查验收。

第四十三条 实行造林项目检查验收制度。造林检查验收包括年度检查、阶段验收、竣工验收。

(一)年度检查:分别由国家、省、地、县,定期对所管造林工程项目建设情况进行全面或按比例检查;

(二)阶段验收:每3—5年为一个阶段,由县、地、省、国家自下而上逐级进行验收;

(三)竣工验收:造林工程项目全面完成后,在县、地、省逐级完成验收的基础上,国务院林业行政主管部门会同国家有关部门共同组织竣工验收。

第四十四条 检查验收主要内容:作业设计、苗木标准、造林面积、建档情况、混交类型以及"五证"等。具体考核指标为作业设计率、苗木合格率、面积核实率、成活率、面积合格率;抚育率、管护率、混交率;保存率;建档率、检查验收率以及生长情况、病虫危害情况、森林保护和配套设施施工情况等。

第四十五条 检查验收程序：

（一）县级自查。造林当年，以各级人民政府及其林业行政主管部门下达的造林计划和造林作业设计作为检查验收依据，县级负责组织全面自查，提出验收报告报地级林业行政主管部门，地级林业行政主管部门审核后，报省级林业行政主管部门。

（二）省级（地级）抽查。在县级上报验收报告的基础上，地级林业行政主管部门严格按照造林检查验收的有关规定组织抽样复查，省级林业行政主管部门根据实际需要组织抽样复查或组织工程专项检查，汇总报国务院林业行政主管部门。

（三）国家级核查。根据省级上报的验收报告、统计上报的年度造林完成面积，国务院林业行政主管部门组织对造林进行核（检）查，纳入全国人工造林、更新实绩核查体系中，并将核（检）查结果通报全国。

第四十六条 检查验收方法。采取随机、机械、分层抽样等方法进行抽样，被抽中的小班，以作业设计文件、验收卡等技术档案为依据，按照造林质量标准，实地检查核对，统计评价。

国家级核查比例实行县、省两级指标控制的办法，即以县为基本单元，核查县数量比例不低于10%，所抽中的县抽查面积不低于上报面积的5%；以省为单位计算，抽查面积不低于上报面积的1%。省级（地级）检查，在保证检查精度的原则下，由各地根据实际情况自行确定。

第四十七条 各级林业行政主管部门要设立举报电话和举报信箱，认真受理举报电话和信件，自觉接受社会、舆论和群众监督。根据群众举报和有关部门或新闻单位反映的问题，按照事权划分原则，林业行政主管部门可牵头组成检查组进行直接检查。

第九章 信息档案管理

第四十八条 国家、省、地、县要建立科技支撑和实用技术应用保障体系,加强技术培训,积极应用最新的实用科技成果,完善效益监测和评价体系,完成年度监测工作。

第四十九条 要逐步建立国家、省、地、县四级造林质量管理信息系统,实行信息化和网络化管理。要积极推广应用地理信息系统(GIS)、全球定位系统(GPS)、遥感(RS)技术(简称"3S"技术),提高造林管理水平。县级以上林业行政主管部门要按照有关规定及时、准确、全面逐级上报当年造林执行情况。

第五十条 实行造林档案管理制度。各级林业行政主管部门要严格按照国家档案管理的有关规定,及时收集、整理造林各环节的文件及图面资料,建立健全造林技术档案。国际合作、外资、民营、私营等投资的造林项目也要建立档案,报当地林业行政主管部门备案。

第十章 奖惩管理

第五十一条 各级林业行政主管部门在造林项目实施过程中,对造林质量先进集体和个人予以表彰奖励,激励广大干部职工积极投入造林绿化工作,提高造林质量。

第五十二条 实行造林质量检查验收通报制度。凡因人为原因出现下列情况之一的,国务院林业行政主管部门将给予通报,并视情节轻重,对造林工程项目进行缓建、停建或调减。

(一)未经批准随意变更造林任务和建设内容的;

(二)使用无"五证"或使用假、冒、伪、劣种子造林的;

（三）不按国家标准、规程进行造林设计或不按技术规程组织施工的；

（四）欺上瞒下、虚报造林数量和质量，未按计划完成造林任务的；

（五）挤占、截留、挪用造林投资的；

（六）地方配套资金不能按时足额到位，严重影响造林进度和质量的；

（七）在检查验收中弄虚作假的；

（八）未达到国家规定的造林质量标准的。

第五十三条 因人为原因造成造林质量事故的，依照《国家林业局关于造林质量事故行政责任追究制度的规定》，追究有关人员的责任。

第十一章 附 则

第五十四条 各省、自治区、直辖市林业行政主管部门根据本办法，制定本辖区的实施细则，报国务院林业行政主管部门备案。

第五十五条 飞播造林（治沙）执行《全国飞播造林（治沙）工程管理办法》（试行）。

第五十六条 封山（沙）育林及人工促进天然更新、森林抚育（含低质林改造）和森林管护，可参照本办法执行。

第五十七条 本办法由国家林业局负责解释。

第五十八条 本办法自发布之日起施行，凡与本办法不符的，以本办法为准。

附件：（略）